沈先生离开我们已经快三十年了，
他的文学经典作品却从来没有离开。
一次又一次地阅读，
我仿佛总能感受到沈从文在用他那温暖的目光注视着他的读者……

谨以此书献给沈从文先生

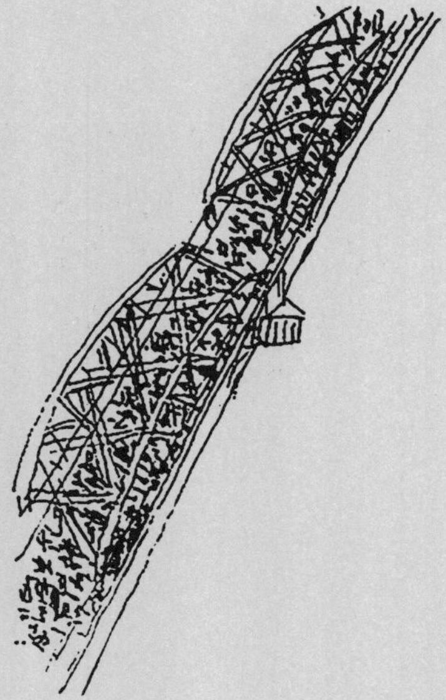

平和与不安分

我眼中的沈从文

李辉 著

中原出版传媒集团
中原传媒股份公司

大象出版社
·郑州·

图书在版编目(CIP)数据

平和与不安分:我眼中的沈从文/李辉著.— 郑州:大象出版社,2018.4
ISBN 978-7-5347-9780-4

Ⅰ.①平… Ⅱ.①李… Ⅲ.①沈从文(1902—1988)—生平事迹 Ⅳ.①K825.6

中国版本图书馆 CIP 数据核字(2018)第 086963 号

PINGHE YU BU ANFEN
平和与不安分
我眼中的沈从文
李　辉　著

策 划 人	李　辉　王刘纯
出 版 人	董中山
责任编辑	司　雯　杨　兰
责任校对	牛志远　裴红燕
装帧设计	王莉娟

出版发行	大象出版社(郑州市开元路 16 号　邮政编码 450044)
	发行科　0371-63863551　总编室　0371-65597936
网　　址	www.daxiang.cn
印　　刷	郑州新海岸电脑彩色制印有限公司
经　　销	各地新华书店经销
开　　本	890mm×1240mm　1/32
印　　张	8.625
字　　数	178 千字
版　　次	2018 年 5 月第 1 版　2018 年 5 月第 1 次印刷
定　　价	39.80 元

若发现印、装质量问题,影响阅读,请与承印厂联系调换。
印厂地址　郑州市文化路 56 号金国商厦七楼
邮政编码　450002　　　　　电话　0371-67358093

自序

李 辉

❋ 时间过得太快,到二〇一八年五月,沈从文先生离开我们就整整三十年了。一九八八年,如果不是突发疾病,沈先生走得太快,或许诺贝尔文学奖那一年就会颁发给他。真是令人惋惜!

❋ 我有幸从复旦大学分配到《北京晚报》,以记者身份采访始自文艺界。一九八二年六月,中国文联举行四届二次会议,此次会议增补九位文联委员,分别是:文化部部长朱穆之、广电部部长吴冷西、中国书法家协会主席舒同,以及胡风、吴伯箫、沈从文、布赫等。采访文联大会,正好在一个小组会上遇到了沈先生。小组会上,他慷慨激昂,批评"外行领导内行",哪里是甘于寂寞的人?我终于见识到一个不一样的作家。他去世之后,我在《收获》杂志发表缅怀他的文章,题目就叫《平和,或者不安分》,这或许就是我眼中的沈从文。

❋　在上海，我与陈思和兄一起研究巴金，知道巴金与沈从文是好朋友，从一九三一年两人结识，从此之后就一直是好朋友。巴金在一封信中写他有三个最好的朋友：沈从文、曹禺、萧乾。刚到北京，第一次遇到沈从文，就喜出望外。我告诉沈先生，我研究巴金，彼此距离一下子拉近了。

❋　几天之后，文联大会在人民大会堂闭幕。我忽然又看到了沈先生，他与老朋友朱光潜坐在一起。沈从文、朱光潜、萧乾，三人在一九四八年被郭沫若先生在《斥反动文艺》一文中猛烈批判。位于沙滩的北京大学校园，学生们曾将这篇文章抄写成大字报贴在墙上，令沈先生为之紧张，一度产生幻觉，写下一段又一段的呓语碎片，后来收录在《从文家书》中。在幻觉中，他一度割腕自杀，幸好被抢救过来。曾经担任周恩来外交秘书的杨刚，在燕京大学期间与沈先生熟识，她听说沈先生割腕后前来探望，让他逐渐趋向平稳。几个月后，沈先生写了一封长信寄至在香港的表侄黄永玉。这封长信，很快发表在《大公报》副刊上，题目为《我们这里的人只想做事》。收到这封信的第二年，黄永玉、梅溪夫妇前往北京，时隔十几年，与表叔重逢。此次重逢，黄永玉夫妇受到表叔影响，决定离开香港，一九五三年二月，他们夫妇携刚刚出生不久的黑蛮，一起来到北京，从此，两家人生活在同一个城市，在磨难中做事，在坎坷中从容，一个又一个的故事，就这样延续下来。这段故事，我写在《转折之际》长文之中。

❋　认识沈先生后，我不时去看他。他住在崇文门，我住在东单，相距几百米。沈先生血压一直很高，一九八二年突然中风，半身不遂。几次去看他，沈夫人都要他每天走几圈。这些细节，我在聊天记录里已有记录。一九八四年，我在《北京晚报》第四版上开设一个栏目《作家近况》，每周发一两个老作家的近况，冰心、胡风、曹靖华、艾青、萧乾、聂绀弩、沈从文等。发表沈从文近况时，提到他中风半身不遂。很快，我便接到一位医生的来信，提到要去帮忙看看，当年的读者就是这样热心，令人感动。

❋ 从一九八二年开始接触沈从文夫妇，每次聊天回来，我会记录在笔记本上，幸好有这些对话与细节，还原了那些清晰的场景。

❋ 第一次写沈从文的文章是在一九八四年，题为《画・音乐・沈从文》。沈从文喜欢画，也会画；他喜欢音乐，他说过在写小说时字里行间有音乐的旋律。拙文只有几千字，却是我最初的沈从文印象，也是读他作品的感受。

❋ 一九八九年至一九九二年，写沈从文的文章比较多。

❋ 第一次跟随黄永玉先生前往凤凰，走进沈先生一九八二年归来时住过的地方。在凤凰，我前去看望沈从文的弟妹罗兰女士，听她讲述沈从文弟弟沈荃的故事；与黄先生的小学同学座谈，听他们讲述快乐的小学生活。回到北京，我先在《人民日报・大地》副刊发表《湘西，流不尽的声音》，然后写了一篇报告文学《破碎的将军梦》，写沈家兄弟之间的故事。

❂　这一年，我前往上海，连续两次请巴金谈沈从文。同样是这一年，在我无法静下来写东西时，萧乾先生来几封信开导我，终于让我找到一件事情可做。姜德明先生建议我去校勘沈从文在丁玲失踪之后，发表在《国闻周报》的《记丁玲女士》。这次校勘，真的让我静了下来。通过校勘，与施蛰存、赵家璧、萧乾、张兆和、陈明、刘祖春等人采访、通信，一九九〇年完成《恩怨沧桑——沈从文与丁玲》一书，由天津的百花文艺出版社出版，之后，在台湾出版繁体字版。对我而言，这是一个颇大的工程，但却让自己沉稳、踏实。

❂　同在一九九〇年，与汪曾祺对话，请他谈眼中的沈从文。

❂　一九九二年一月，在沈从文去世四年之际，我在《收获》发表《平和，或者不安分》长文，第一段引用的就是那位医生的来信。四月，第一次前往瑞典，在东方博物馆做了关于沈从文的演讲，令我高兴的是，翻译沈从文作品的马悦然先生来了。后来，他在接受《南方周末》采访时，曾谈到一九八八年沈从文的事情。他听说沈从文去世了，打电话去问中国大使馆，说你们有位作家沈从文去世了，对方回答："沈从文是谁？我们不知道。"之后，他打电话联系我，我告诉了他沈先生去世的消息。的确，沈先生走了，令多少人为之惋惜。

❂　三十多年间，除出版《恩怨沧桑——沈从文与丁玲》和《沈从文画传》之外，我写沈先生的文章竟然有二十四篇，包括长短不一的文章、聊天时的对话、演讲等。二〇一七年，因为编辑"副刊文丛"，特意写了沈从文与《晨报副刊》编辑徐志摩的多年友谊，这便成为本书的最后一篇。

❁ 远在八十几年前，一九三四年沈先生回湘西路上，在写给夫人张兆和的信里，讲了这样一段话："我想印个选集了。因为我看了一下自己的文章，说句公平话，我实在是比某些时下所谓作家高一筹的。我的工作行将超越一切而上。我的作品会比这些人的作品更传得久，播得远。我没有办法拒绝。"

❁ "我的工作行将超越一切而上"，我非常喜欢这句话。这是自信，一位文学天才的自信。

❁ 沈先生离开我们已经快三十年了，他的文学经典作品却从来没有离开。一次又一次地阅读，我仿佛总能感受到沈从文在用他那温暖的目光注视着他的读者……

❁ 谨以此书献给沈从文先生。

完稿于北京看云斋
二〇一七年十二月三十一日

黄苗子为沈从文书法题跋

七八十年代，沈從文先生經常寫古詩十九首以贈親友。其書法功力至深，予曾獲觀其早年在行伍時為斯書甚。軍校碑豪健瀟洒。近李北海晚年泰以章草自成一家，而益縱肆。其書順筆聊之，有時且加以塗抹句改，如顏真卿祭侄稿，一掃

白桦厚茂
卅三竹

‹ 目录 ›

听

1982—1990年
听沈从文张兆和聊天 / 004
听巴金谈沈从文 / 012
听汪曾祺谈沈从文 / 027

谈

1984年
画·音乐·沈从文 / 038

1989年
湘西，流不尽的声音 / 045
破碎的将军梦 / 048

1990年
历史追寻的诱惑 / 068

1992年

平和，或者不安分 / 073
沈从文与瑞典 / 086

1996年

《从文家书》/ 101
纪实，还是编造？/ 104

1997年

《沈从文与丁玲》为何被"腰斩"？/ 117

2002年

从边城走进故宫 / 126
百年沈从文 / 129

2003年

幸还是不幸？/ 166

2004年

《沈从文与丁玲》自序 / 172

2007 年
干校迁徙与沈从文的木板 / 175
转折之际 / 186

2014 年
漫谈沈从文研究及其他 / 204
一扫常规,纯任天然 / 229

2015 年
穿越洞庭,翻阅大书 / 233

2016 年
去苏州,寻找九如巷 / 241

2017 年
徐志摩常在他心中 / 246

‹ 1982—1990年 ›

听沈从文张兆和聊天

一九八二年六月二十五日，人民大会堂

❋ **沈**　我刚从湘西回来，是和黄苗子、黄永玉一起回去的，最近才回来。我一九五几年回去过一次，这是二十五年来第一次回去。过去没读什么书，现在可以好好读些书。见的东西也多了。

我负责古代服装研究工作组。已经在香港出版了《中国古代服饰研究》，有二十五万字的说明，五百多幅彩图，北京要出，还要再加一百多幅。主要是从实物出发，说明一些新的问题，是尝试性的。

自传是五十年前写的，今年出了二十多本书。四川出五本，北京出四本，湖南出两本，上海出一本，广东出十二本。还有香港和日本也出版了。现在的文学不大懂，实事求是的工作也可以做。

一九三二年在青岛大学时巴金来过。西南联大时，萧珊是学生，我在中文系当老师。一九七二年、一九七四年、一九七六年，我每次到南方都去看看他。

古华的作品不错。现在的人写得比我们好多了。

一九八二年八月二十日，上午，沈家

（窄小的房间，四周书架排满了书，一张窄窄的单人床靠墙放，与沙发、桌子挤在一起,过人都很难。窗外是前门大街,工作环境很差,效率低。)

❋ **沈**　萧珊没考上西南联大前,住我家租的房子。那时,傅雷也在那里,傅聪刚出生。

我一九二八年到上海,一九三一年到青岛,一九三三年到北京结婚。巴金来就住我的外屋。后来我妹妹来,他才搬到三座门大街。他还帮我印书。我那时还替《大公报》编文学副刊。

一九七四年到上海,我让一个学音乐的亲戚去找他,打听是否可以去看他。打听到他的电话。我打电话去时,正好他女儿生小孩。一九七六年我去,小孩已长大,到处跑。

我是一九七二年从丹江回北京的。

一九二九年到一九三七年,我的文字成熟期,精力多,写得比较多。

一九五三年我的书公家全烧了。

汪曾祺是我在西南联大最好的学生。给学生不出死作文题,让他们发挥。

(居然还查到了这天的日记:

上午十时,到沈从文先生家,谈起三十年代巴金住在他家时,关于艺术技巧的争论。沈先生说,作品还是得有技巧,《三国演义》《水浒》没有技巧怎么行?

快八十岁的人了,他的身体依然硬朗。满头银发,个头不高,湘西口音,讲话非常认真,不掩饰自己的观点,可见是个老实正直的知识分子。

房内摆的都是几十年前的老家具。柜子上还刻有非常好看的装

萧乾晚年赠送我们的一张一九三五年在苏州给沈从文、张兆和、张充和拍摄的照片

一九八四年张兆和为病中的沈从文洗手。李辉摄

饰画，可惜房间太小，家具也破旧了。

老先生压低声音告诉我，可能快要搬新房子了。言语之中，掩饰不住满怀喜悦。但又怕不能最后实现，故显得谨慎，流露出怀疑的表情。）

一九八四年四月二十一日，上午，沈家

（沈先生半身不遂在家，右手时而颤抖，左手浮肿。）

❋ 沈　《中国古代服饰研究》首次由内地出版。要加原始社会部分，助手时而来商量、校对，书由三联书店出版。我有一些美术方面的论文，五十多万字，关于绸缎、花边、镜子等。这本《龙凤艺术》增补后出版，是商务印书馆出的。

（老了，老太太似的嘴巴，镜片后的一双小眼睛，琥珀色镜架。）

（讲博物馆的事。）外行当领导，能人上不去，一些打砸抢的人也上来了。（他对博物馆的事很关心。每天看看报纸、电视。）

一九八四年四月二十四日，下午，沈家

✽ **沈**　一九三二年在青岛，我用小方桌写《边城》，巴金在里屋写《电》。我和他什么时候认识，不记得了。是在上海，大概是在郑振铎那儿吧。我和巴金在文艺观点上有不同，喜欢争论。但争归争，还是好朋友，几十年了，我们还很好。

（夫人张兆和扶沈老在房间散步，有时让他自己走。沈老拄着拐杖来回慢慢走。房间一半铺着草席，空出约一米宽的水泥地，上面有红漆。）

✽ **张**　这是他每天的散步道。每天走五个来回。

✽ **沈**　（走了两个来回）够了吧？

✽ **张**　没有，刚刚两次。他就爱偷懒。

（沈老笑。他刚走一次，便说：这是第四次了。）

✽ **张**　别骗人，刚刚三次。他每次都想哄人。

（最后走完五次，沈老没走到头，便嘘了一口长气。"唉，完了吧？"便往座位上走去。）

✽ **张**　你总爱偷工减料。（二老笑。）

（沈老步履蹒跚，右手时而颤抖一阵。他的两只脚几乎是拖在地面挪动。刚从座位站起时，常要由张搥搥左腿。

在闲谈中谈到湘西风俗，张说香港有本女性杂志，在"男人世界"专栏中登沈老的照片和写他的文章。文章谈到沈老一听到家乡傩戏，就掉眼泪。刚说到这里，沈老又掉出眼泪，转而大笑。一副"老天真"

的神情，实在令人可敬可爱。

闲谈时，放意大利民歌演唱家的录音，沈老不时发表议论。）

一九八四年四月二十九日，上午，沈家

❋沈　四十年代在上海，每过两天我都要去看巴金一次，他请我吃饭。

三十年代，巴金还未结婚，容易发火。有次别人造谣，说他有钱，买了很多房子。他发火了，说：哪有这事，我哪里有钱？

新中国成立后他每次都送我大堆书。他翻译的，陈蕴珍翻译的。陈蕴珍和我爱人很好。我和我爱人一九三三年结婚，以后从未分开过。她人好，没戒心，朋友们对她印象都很好。

我写文章不讲文法。

巴金心细。

先在我家住，在我那里，我写《边城》，他写《电》，我们住在达子营，有客厅、饭厅，很小，但很舒服。有五个卧室，一个厨房。我们俩各写各的，互不相看。我一个星期写一章，他每天写。

后来我妹妹来了，他就搬到三座门大街。我到三座门去看他们，有卞之琳、靳以、曹禺。

❋张　他爱听音乐，不知道他怎么那么容易激动。他爱听交响乐，像贝多芬、肖邦。现在又听威尔第的。他的感受力很强。

❋沈　音乐、绘画、文学是相通的。我不会音乐，但想在作品中表现出来，写出节奏。我爱画，在作品中画出来。我小时候和伙伴们玩，唱歌，为什么我现在一听地方民歌、戏曲就激动？一听马上就想到幼时、少时的情景，马上就联想到了。眼泪不知怎么就掉出来了。

张兆和（李辉摄）

❋张 我们有好几盘地方戏和民歌的录音带，但不敢放给他听，怕他太激动。

一九八四年五月七日，下午，沈家

❋沈 我受外国文学的影响，《边城》就受施托姆的《茵梦湖》的影响。

一九八四年六月十四日，下午，沈家

❋李 您什么时候开始接触外国文学的？

❋沈 十六七岁的时候，我在家乡读一些旧小说、旧诗词，还有包天笑的小说。后来读到林纾译的小说，像《双城记》《啼笑因缘》等，感到很新鲜。

❋李 您没学习英文，是吗？

❋沈 是呀。在小学学了学，没学会。到北京后，陈源、丁西林让我学，说学好后到英国留学。可我没有学外文的才能，二十六个字母从来没有念准过。后来接触外国文学，就完全靠看中译的了。

❋李 您当时主要读了哪些翻译作品？受到哪些作家的影响？

❈**沈**　我读过鲁迅兄弟俩译的日本小说，这对我有些帮助。我读得最多的、最喜欢的是契诃夫、莫泊桑，以及李青崖译的都德的作品。这些人对我有影响。

❈**张**　萧珊在昆明念西南联大时，经常住我们家。

一九八八年四月二十一日，上午，沈家

（好久没有去看他，他已搬进新居了。没戴假牙的他，看上去瘦多了，也老多了。过去圆圆的脸，如今消瘦，更苍老。右手萎缩，无力，搁在椅靠背上；左手极少动弹，搁在腿上。他坐在一张藤椅上。说话含混不清，一是因为半身不遂，二是因为没戴假牙。）

❈**沈**　你的《萧乾传》我看了，写得不错，是那个气氛。你说我和巴金吵架，什么时候我吵过？

❈**李**　您告诉我的。巴金在文章中也写到过。你们观点不同，老爱吵，吵完了又没事了。

❈**张**　是的。

❈**沈**　是争吵，不是吵架。我们俩是不同。他有激情，我讲究平和；他的记性好，文章被删掉后，能原封不动地补上去。我就不行。写过了就忘了。

❈**沈**　萧乾的记性有那么好，什么事都记得？

❈**李**　有的是他自己讲的，有的是我查的资料，问问老人，包括您。您的书。譬如你们的沙龙。

❈**沈**　我们不叫沙龙。我们每星期六聚一次。在金岳霖家，东总布胡同，梁思成、林徽因的后院。

❈**李**　也在朱光潜家。

❋沈 对,在慈慧寺。

(奇怪,说起这些,沈从文的记忆力挺好。有时,说着说着,他抿嘴想笑,又没笑出来,憋了好久,才呵呵地笑了,其神情和四年前听到说傩戏时的笑一样,眼泪也快流下了。)

❋李 你和萧乾什么时候闹起矛盾的?是新中国成立前还是新中国成立后?

❋沈 前几年。

❋李 是为什么?

❋沈 (不语。)

❋张 他们的事情我也弄不清楚。

❋李 他也够惨的,打成了右派。

❋沈 他也是右派?

❋张 怎么不是?你忘记了,当年让你去批判会,还有冰心也去了。冰心发言就说他老要离婚,她不同意。

❋李 你们老也老了,和好不行吗?要是他来见您,您赶不赶他走?

❋沈 (沉吟一会儿)来看我,我赶他干什么?

❋李 新中国成立后你幸好钻到故纸堆里才没有事。不然也跑不了。

❋张 他这个人其实很犟。写不愿意写的还不如不写。

❋李 根据你的小说改编的电影看过了吗?

❋沈 没有。《翠翠》没看过。

❋张 剧本结尾他不同意,说不是他的。

听巴金谈沈从文

一九八九年十一月二十七日，上午

❈李　你对沈从文是什么看法？很多人说他很忠厚。

❈巴　我写过一篇文章。

❈李　我看过了。

❈巴　他很有个性。他到上海，请他吃饭，他总说要我们工作。他在北京和周作人不错。

❈李　对，他和周作人算是京派作家。

❈巴　周作人文章写得不错。周作人在他那里总是讲鲁迅的坏话，说鲁迅是个迫害狂。这就使沈从文对鲁迅有点意见。他批评海派作家，其实就是受周作人的影响。但他这个人是很真实的人。他很老实。他有一点，对当时一些高级知识分子并不是真的喜欢，但是，他们"新月派"赏识他。

❈李　和徐志摩关系好。

❈巴　徐志摩对他不错。

❈李　胡适对他也不错。听冰心讲，他和张兆和结婚，胡适还帮了忙。

❈巴　是的，他们认为他是才子。

听巴金谈沈从文

⁕李　他很特别，其实没念什么学，还是湘西那么偏僻的地方。

⁕巴　他是有才华。

⁕李　他一下子进入了高级知识分子的阶层。

⁕巴　他们喜欢他。但是，他们欣赏他也有区别。从文是搞创作的，他们是搞学问的。

⁕李　过去人们爱说沈从文的寂寞，埋头创作，性格上温和。可我看他在二十世纪三十年代，其实容易动感情，也不耐于寂寞，什么都写。海派京派论争，创作评论写得挺多。

⁕巴　他写的有独特的风格。他写起文章注意创作的文体。

⁕李　我挺爱读他的作家论。

⁕巴　他的创作评论风格是独创的，不受他人的影响。

⁕李　是的。好像看上去没有什么理论色彩，但他作为一个作家对艺术的感觉、理解，写得很好。

⁕巴　过去这些文章对文艺界影响很大，帮助了很多年轻人。他周围有很多年轻人，他为他们改稿子、介绍刊物。

⁕李　一九八二年我去和他聊天的时候，他说你们在青岛、在北京常爱争吵。

✸巴　我们爱写信辩论。我有一篇《沉落》的小说他不同意。

✸李　但这种争吵没有影响你们的友谊。其实你们俩完全是两种不同的性格。

✸巴　对。他的小说有的写男女的，我不大喜欢。他的确很复杂，有些稿子可以看出写作时的感情复杂。

✸李　你的作品他都读，他对你的作品怎么评价？

✸巴　我们在一起有时辩论。

✸李　除了《沉落》，对《家》《春》《秋》《灭亡》《新生》他怎么看？

✸巴　没谈过这些方面。有时谈一点。我说我有信念。

✸李　他好像对政治不是太感兴趣。

✸巴　不完全是。在昆明时，他参与编辑《战国策》期刊，给施蛰存写过文章。

✸李　他对你的政治观念、理想是怎么评价的？

✸巴　他说我的信念是空的。

✸李　你对他新中国成立后没有再写作怎么看？有的人认为，他转而搞研究是对的，张兆和就认为他很适合去搞服装史。

✸巴　新中国成立以前他就对服饰、民间工艺很喜欢，总爱买些工艺品送给我，送给朋友。所以，他如果不搞服装史研究，在文联呀，作协呀，也写不出什么。（声调提高）有一件事情我搞不清楚，为什么丁玲对他这样？

✸李　丁玲老放不过他。最近看到他的几封信，给徐迟的、周健强的信，都谈到这个问题，沈老当时说过丁玲这个人不好。一是忘恩负义；一是有点得志后不愿和有问题的朋友再打交道。丁玲好像对沈从文写的《记丁玲》不满意。我看你的回忆文章,写《记丁玲》沈从文也是冒很大的风险写的。

✱巴 但是这是作为好文章连载的。新中国成立初期,沈从文希望丁玲能帮忙说一句话,替他解释解释。

✱李 当时丁玲正红,是文艺界领导,排在周扬、茅盾之后,地位相当高。沈从文刚挨过批,就是郭沫若写的《斥反动文艺》,把萧乾、沈从文、朱光潜都骂了。

✱巴 是在香港发表的。

✱李 北京在校园也张贴了。沈从文就挨批了。如果丁玲帮帮忙,也许沈从文要好过一点。沈老还自杀过一次。这事当时您知道吗?

✱巴 当时我不知道。开第一次文代会时,我和朋友才去看他,当时他很害怕。

✱李 他的弟弟一九五一年被镇压的事情他对你讲过没有?

✱巴 没有。三十年代在北京,我和萧乾一起见过他的弟弟。

✱李 沈从文没有跟你提过他弟弟的事情?

✱巴 没有。他弟弟的女儿在北京。

✱李 对。给沈从文当女儿了。你歇一歇。

✱李 新中国成立后你和沈从文联系还是比较多的。

✱巴 我们第一次文代会时,王辛笛、章靳以、唐弢一起去看他,在他家吃饭。一到北京,我都会去看他们。

✱李 他很重感情。他和萧乾两人是怎么回事?萧乾他说他挺冤。沈从文说萧乾太聪明。不知为什么后来两人闹那么僵。

✱巴 是不是有一件事,反右的时候沈从文揭发过他?

✱李 萧乾说有这件事,但我还没有打听到,不知道有谁亲自听到过沈从文的批判发言。

❀巴　沈从文是个老实人。过去萧乾年轻时出来工作是沈从文帮忙。在北京工作很困难，沈介绍他到报馆工作。

❀李　萧乾的第一篇小说也是沈从文发表的。

❀巴　那时我在北京。萧乾有时不想干，沈从文就鼓励他。

❀李　去年我去贵州之前去看沈从文，我问他，萧乾要是来看你，你见不见？他说：他来看我我怎么会不见？我很高兴能够从中沟通。我把这个消息告诉了萧乾，他也很高兴。他们之间的矛盾很复杂，说不清楚。听沈从文的意思，可能萧乾有些不好。

❀巴　萧乾总是怀疑别人，先预防别人。

❀李　老想保护自己。

❀巴　我说反而吃亏。真是聪明人就不会这样。在英国他很活泼，工作也认真。他总想保护自己，结果暴露了自己。

❀李　得罪了朋友。交朋友最重要的是真诚。这方面人家对他的议论比较多。

❀巴　他是这样的。还有他结婚的问题，人吃苦头了。他聪明就不会当右派，吃了很多苦头。

❀李　湘西你去过没有？

❀巴　没有去过。

❀李　湘西还是很不错的。

❀巴　沈从文文章里写得很美。

❀李　沈从文的家乡修了他的故居，陈列了他的著作和字画。

❀巴　他的字写得不错。

❀李　他的性格也挺倔的，并不随和。

❀巴　是的。有时候差不多的人他也不会偃。有些情况他不大了解，而且情况也比较复杂。萧乾也是这样。我对他说，周作人和鲁迅有矛盾，沈从文受影响。抗战后萧乾在上海写文章，我要删掉，他不同意，我说非删掉不可。当时他编了一个版画集，由我出版，我把序删掉几段，是批评鲁迅的。我坚持删掉了。他不高兴，我也不管。

❀李　你好像和各种人的关系处理得都不错。

❀巴　我也不一定。

❀李　朋友多，没有敌人。

❀巴　我和从文辩论。他和我吵，我就发笑，他以为我发神经。今天骂这个，明天骂那个。我也骂周作人，也骂朱光潜。

❀李　对，你和朱光潜是不是因为一幅油画，还有"眼泪文学"的争论。

❀巴　他那时在北京大学，他批评"眼泪文学"。抗战初期我在成都，有一次从文请吃饭，请了朱光潜，也请了我。朱光潜说没有关系，我说我也没有关系。年轻人嘛。

❀李　火盛。

❀巴　对。也有偏执的地方。

❀李　朱先生是不是也很随和？

❀巴　他，还有梁宗岱，我们相处得很好，互相比较了解。是在北京的时候。

❀李　三十年代，梁宗岱和朱光潜住在一起，是不是住在慈慧寺，景山公园后面。你去过吗？

❀巴　去过。那是教授圈子。

❋李　你是敬而远之。

❋巴　是的。

❋李　你那时在北京，和《文学季刊》的青年人打交道多，你和京派作家打交道多不多？杨振声你见过吗？

❋巴　我在沈从文那里见过几次。

❋李　听说这个人很好。

❋巴　是的，人不错。他写过《玉君》，当教授。

❋李　他和沈从文关系好。你和周作人打过交道吗？

❋巴　我和章靳以到他家里去过一次，拿稿子。

❋李　你对他什么印象？

❋巴　周作人文章写得好，跟学问是两回事。后来，有人劝他离开北京，他认为有京派、海派，他说我要留在北京，到了上海，左派也会杀我。他主要认为日本人对他不会怎么样。家里又有日本人。结果，一步一步当了汉奸。

❋李　你和鲁迅关系比较好。

❋巴　我那时崇拜鲁迅，年轻人都这样。周作人如果离开北京，可能就不至于做汉奸。我觉得，人归人，文章还是好文章。他自己认为日本人对他不会怎么样。后来，他还给周总理写信。

❋李　舒芜最近写了不少关于周作人的文章。

❋巴　舒芜这个人人品不好。他还以为可以为自己解脱，结果牵连那么多人。

❋李　胡风这个人脾气也不好。他也批评过你的作品，是不是？

❋巴　《海底梦》，他用谷非的名字。他在日本，我在上海。他提出处处有生活，有知识分子个性。

❋李　沈从文觉得胡风左。他批过沈从文。

❋巴　他和周扬不对付。我们不搭界，搞创作的不谈理论。

❋李　最后一次和沈先生谈话，他说要是胡风上了台，比周扬还要厉害。

❋巴　这很难说。

❋李　沈先生的才气是很了不起。到了他的家乡，我更加体会到，那么一个封闭的地方，他又没有念过什么学，外国的东西也没读过。还当过兵，地方武装。

❋巴　他自己闯出来的。

❋李　这是天赋，注定要写出。

❋巴　他受到"五四"新文化的影响，读新小说不少。

❋李　他的父亲本来指望他去当兵，能当上将军。我写的报告文学就叫《破碎的将军梦》。他的爷爷沈洪富当上了清朝的将军。整个凤凰县几乎都是习武出身，结果他当了作家。

❋巴　他和教授群来往也受了些影响。他在昆明写《看虹摘星录》。

❋李　他的语言很独特，海外对

沈从文、张兆和结婚寄给巴金的请柬

一九三四年，巴金与沈从文夫妇摄于北平府右街达子营沈寓

他研究得比较多。

❋巴　是的。我专门在香港买了他的一本关于服装史的书，八百块，印得很漂亮。

❋李　他在昆明时，我听说读佛经。

❋巴　在青岛时就在读了。一九三四年，写了佛经故事。

❋李　他说你们在一起时，他写《边城》，你写《电》。你写得快，他写得慢。但你过后还能记得，可他写完后就忘了。

❋巴　他是连载在《国闻周报》，一个礼拜一次。

❋李　《记丁玲》也是在上面发的。

❋巴　《记丁玲》先发的，也是一个礼拜一次。《国闻周报》发表是全的，后来出版时就打了不少叉叉。

❋李　沈从文好像一般不抱怨人家。我很少听到，朋友对不住他，他也不大讲。心里知道就行了。

❋巴　他不大讲。他肯帮助朋友。给卞之琳出诗集，自己掏几十块。

❋李　他在《大公报》培养了不少人，像萧乾。

❀巴　对。

❀李　湖南出了本沈先生的纪念集。

❀巴　印得不错。再晚一点就出不了。

❀李　听说现在又有人说对他评价太高了。

❀巴　不高，不高。写文学史大家可以讨论，以后还得读者评价。

❀李　美国汉学家金介甫写了两本关于他的书都翻译过来了，出版可能都不容易。

❀巴　出版社应该扶植好作家。

❀李　还是你们那时办文化生活出版社时，认认真真出了一些书。

❀巴　那个时候简单，几个人。

❀李　你还出过张兆和的一本书，是吧？

❀巴　是的，短篇集。

❀李　她也是才女。

❀巴　她后来没写了。

❀李　张兆和也是挺老实的人。

❀巴　沈从文追求她。

❀李　他们的恋爱也挺浪漫的。

（喝水。）

❀李　这儿晒太阳还可以。

❀巴　对。我喜欢晒太阳。

❀李　草地上也可以。

❀巴　（问妹妹）《联合时报》来了没有？

❀李　夏衍身体还不错。

❀巴　他大我四岁。沈从文大我两岁。

❋李　艺术上他比较讲节制。

❋巴　我认为朋友中三个人才气最高。沈从文一个，曹禺一个，萧乾一个。

❋李　萧乾语言比较俏皮。

❋巴　他写得也很快。

❋李　到现在为止，他文章越写越好。

❋巴　就是。他多大了？

❋李　八十。马上就要过八十了。

❋巴　我总认为他小。

❋李　他的样子显得小。四十岁时看上去像二十岁样子。

❋巴　在北平，一九三四年，沈从文请客，在他家认识萧乾。后来，我到燕京大学夏斧心家，他也认识夏斧心。

❋李　杨刚你见过吗？

❋巴　杨刚我当然很熟。我在香港去看过她。

❋李　她最后死得也很惨。

❋巴　自杀的。

❋李　这个女作家很有才气，是吧？还有些豪放，有男子气。

❋巴　是的。有一点儿。

❋李　她对萧乾不错。

❋巴　她在外交部干过。

❋李　听说当过总理办公室秘书。

一九八九年十一月二十九日，上午

❋李　准备写一系列关于沈从文的文章。

❈ 巴　值得写。有很多事情，它的原因、变化，得弄清楚。

❈ 李　沈从文与丁玲我就想写一篇。他们的关系纠纷都写一写。

❈ 巴　把问题弄清楚，真实地写出来。他当时是从好的方面写丁玲，他为营救丁玲到处奔走。通过教授想办法，情况他也不了解。

❈ 李　他是从善良的愿望出发。那时你已经认识了沈从文吧？

❈ 巴　我认识。他写的时候，我也在北京。文章发表时，被当成进步文章看待。

❈ 李　沈从文比较重感情，都是湖南老乡。

❈ 巴　他们一道出来的。跟胡也频一起办刊物。（咳嗽，喝水。）

❈ 李　写了一篇沈从文和他的弟弟，还想写一篇你和他。张兆和答应和我谈，我提问，她回答，然后我再找汉学家谈，这样通过资料和学术性的分析，糅合到一起。不写成干巴巴的文章，写成特写性的文章，这几年，我基本上是走这条路。

❈ 巴　这样好。

❈ 李　这样读者面广一些，弥补各种不足。我来之前，写了一篇关于萧乾的印象记，发表之后再给你寄来，对《萧乾传》中没有涉及的认识重新写了写。萧乾和沈从文，我也想写一篇。萧乾认识你，好像也是沈从文介绍的。

❈ 巴　在沈从文家里吃饭认识的。

❈ 李　斯诺是萧乾介绍与你联系的吧？

❈ 巴　通过一封信。没有见过。当时他翻译出版《活的中国》，里面有一篇我的《狗》。斯诺说有出版社想出我的书，我寄去两本，出版社又没兴趣，是中文，没人搞。

❈ 李　萧乾的第一位夫人你认识吗？

❀巴　我认识，在昆明。

❀李　萧乾从香港回去闹离婚，你和沈从文都不同意。

❀巴　我们反对。我住在重庆、上海，去过一次香港。

❀李　他去英国之前你去过一次香港。

❀巴　一九三九年。

❀李　那时他正和雪妮恋爱，你没见到她吧？

❀巴　他让我见，我不见。

❀李　萧乾很聪明，文章越写越好，越来越有艺术性，俏皮。

❀巴　这几年他写了不少。

❀李　他写了几十万字。比过去写得还要多。我编了他散佚的文章《红毛长谈》，是杂文。

❀巴　塔塔木林是他笔名。

❀李　人们说沈从文耐寂寞，其实，我看，二十世纪三四十年代他挺热闹的。

（咳嗽，吐痰，吃药。）

❀巴　有时间可以慢慢谈一谈，有些事情很复杂的。

❀李　他的性格有平和的一面，也有湘西人强悍的一面。

❀巴　那当然。

❀李　你们俩争论时，他说话是不是很激烈？

❀巴　我们主要是在信中争。当面也争。

❀李　记得有一次，我对他说，听说你和巴金老爱吵。他说，那不叫吵，那叫争论。我们吵归吵，但都挺好。

❀巴　是的。

❀李　我挺奇怪，他又没上过大学，又不懂外文，又没去过国外，

一九八五年，巴金（中）从上海到北京看望沈从文夫妇

湘西那个地方的人，居然和京派文人混得挺好。

❋巴　京派文人他们主要是教授学者。他们看中他的才华。沈从文与他们没有冲突，但他有自己的看法。看上去他们挺好，但总是隔一层。我是这样想的。他并不一定同意他们，但也不反对他们。

❋李　他好像对胡适、梁实秋的文艺观并不太赞同。

❋巴　在昆明时教授骂他很厉害。

❋李　我回去后可以把这些谈话整理出来，然后寄给你看看。

❋巴　好。我现在精神不好。要是二十年前，可以和你谈谈。现在谈不了。

❋李　挺好的。基本的要点知道。

❋巴　还有一个事，周作人在他那里总讲鲁迅的坏话。

❋李　所以沈从文对鲁迅有些误会。

❋巴　成见。他对鲁迅总有意见。京派对海派是偏见。他不了解。萧乾也是这样的。英国版画集的序，我给他删掉一些。

❋李　他不大喜欢别人删文章。

❋巴　他说不同意，我说非删不可。

❋李　你删掉的是什么内容？

❋巴　他发牢骚，对中国的版画有偏见。

❋李　是不是对鲁迅提倡的新木刻运动？

❋巴　对。他这是受沈从文的影响。

❋李　沈从文没见过鲁迅吗？

❋巴　没有。

❋李　沈老政治上是温和的，中间偏右，所以和京派作家一样对左翼文艺有批评。

❋巴　他接近林徽因、朱光潜、梁宗岱。

❋李　还有废名、杨振声。李健吾算不算京派？

❋巴　不算。他和沈从文关系很好。他是朱自清的学生。

❋李　他这个人挺有才气，他写了《莫泊桑传》……

❋巴　《福楼拜评传》。

❋李　对，福楼拜的传。才二十几岁写的，写那么漂亮。其实，当时北京的那批作家，他们都有才气，比在上海搞革命文艺的作家要强得多。

❋巴　对。只写战斗、革命，用这些代替创作。

❋李　口号文学。

听汪曾祺谈沈从文

李辉补记

在读过的写沈从文先生的文章中，黄永玉和汪曾祺两位先生的文章给我留下的印象最深。前者以活泼别致的笔调，亲切而又带点幽默地写出他心目中的表叔印象，读过之后让人感觉沈从文更熟悉、可爱，甚至可爱中有些朴实到极点的"迂"。后者以"寂寞"来论述沈从文的散文，以一个艺术家的眼光和感觉，提出了独特的见解，对人启发颇多。后来很多文章谈论沈从文时，大概受到他的影响，都习惯用"寂寞"来概括沈从文的风格乃至人生。

在与巴金谈沈从文之后，我就一直想同汪先生谈谈沈从文。他作为沈从文在西南联大时的学生，与沈从文有长达数十年的师生之谊。在创作上，人们更是将他视为受到沈从文影响而成就显著的小说家。我想，他的谈话，同他的文章一样，会给我们许多启迪。

二十七年前，一九九〇年九月，我们的话题就从他当沈从文的学生时开始了。

❋**李** 四十年代你在昆明西南联大时，给你上过课的有朱自清、杨振声、闻一多、沈从文，他们上课的特点是不是不太一样？

一九六二年，汪曾祺与沈从文先生在北京中山公园

❋**汪** 杨振声先生这个人资格很老，他当时是文学院院长，给我们讲汉魏六朝诗。他上课比较随便，也很有长者风度。对我他好像挺照顾，期末考试前他说，汪曾祺可以不考了。朱自清先生上课最认真，规规矩矩的。给我们讲宋诗，每次他都带上一叠卡片。他要求学生按期交读书报告，考试也要求严格。他对我不满意，说：汪曾祺怎么老是缺课？

❋**李** 沈先生给你们上什么课？

❋**汪** 他开三门课：各体文习作，是二年级的必修课。创作实习和中国小说史则是三、四年级的选修课。他只上过小学，对中学、大学的课怎么上一点也不懂，讲起来没有系统性，而且他还是湘西口音，声音也小。但他讲写作有他自己的一套办法。

❋**李** 他给你们出题目吗？

❋**汪** 很少出题目。他一般让大家自己写，然后他根据我们的作文来具体分析，找一些类似的名作来比较，用现在的话说，就是参照。他还喜欢在学生的作业后面写读后感，有时他写的感想比原作还要长。记得我写过一篇《灯下》的作品，描述小铺子点灯之后各种人的活动，没有主要情节，也没有重要人物，属于写情境的。他就找来类似的作品，包括他的《泥涂》给我看。这给我的印象很深。我后来的小说《异秉》便是以此为雏形的。当然，有时他也出一些题目，给我们出的我都忘记了，但我记得给别的年级出的两个题目。一个是为我的上一年级出的，叫《我的小庭院有什么》；另一个是为我的下一年级出的，有点怪，叫《记一间屋子里的空气》。因为怪，我才记住了。

❋**李** 他这样出题，好像是避免空泛，避免雷同，让学生从小的角度来描写,这可能和他自己当初练习创作相似。

✺汪　他有一个说法:先要学会车零件,然后才学安装。他强调的是对生活片段的仔细观察。

✺李　那时你常去他那儿吗?

✺汪　当时他住在昆明郊区乡下,每个星期在上课的日子就进城住两天,学校安排有房子,我经常去那里。每次去都是还上一次借的书,再借几本,随便聊聊。他的书学生都来借,其他系的同学也来借。他的许多书都是为了借给学生看才买的,上面都是签他的笔名"上官碧"。人家借书他也从不立账,好多人借走也不还,但这毫不影响他对学生的慷慨和热情。

✺李　你在大学毕业后与沈从文接触多吗?

✺汪　我一九四八年到当时的北平历史博物馆工作,就是沈先生和杨振声先生介绍的。北京解放后,我参加了南下工作团,大概一九五〇年秋天回到北京,又见到了沈先生。

✺李　听说沈从文当时精神状态很不好,对自己的前景比较悲观。我还听说他有一种恐怖感,成天疑神疑鬼。严文井、陈明、刘祖春等先生,都曾对我谈到这一情况。

✺汪　我当时也看到了。他老是觉得别人在批评他。记得《文学杂志》上发表了一篇《放刁》的文章,本来与他没有关系,可是他认为是批评他的。他住的中老胡同后面有一条小路,他疑心每时每刻都有人在监视他。

✺李　许多人认为,他的这一精神状态与郭沫若的那篇《斥反动文艺》有关。在文章中郭沫若批评他为"粉红色"的作家,政治上也是"反动"的。你在纪念他的文章中,提到过此事。

❈汪　我听说在北平还没有解放时，沈先生所在的北京大学就将郭沫若的文章抄成大字报贴在校园里，这使他感到很大压力。但他没有离开北京到台湾去，其中一个原因是，他过去曾资助过一些学生到延安去。另外，他还有一些朋友如丁玲、何其芳、严文井等也在延安，而且有的是文艺界的领导人，他认为他们会帮忙说话的。

❈李　他是一个真正意义上的作家，虽然也曾发表过一些议论政治的文章，但他基本上还是从文学的角度看社会。他从一个只有小学文化程度的文学青年，成为北京当时高级知识分子圈子中的一员，我想就是他的艺术天性起了主要作用。

❈汪　我看徐志摩、林徽因这些"新月派"或京派文人欣赏沈先生，一方面他们重视艺术，另一方面还因为他们对他的经历和他所描写的边民、士兵生活很感兴趣。这些文人受西方文化的影响，都有人道主义倾向，他们感觉到自己身上的弱点，觉得和劳动人民存在着距离，他们本身负有一定责任。记得林徽因写过一篇文章《窗子以外》，就写高层文化人想要理解劳动者而不能。

❈李　在"五四"时代，这种知识分子的忏悔意识还是比较普遍的。

❈汪　对于他们，沈先生的生活经历是新鲜的，他与文学的结合也具有传奇色彩。

❈李　你以"寂寞"论述过沈从文的散文作品和性格，很多人也常常都谈到他的淡泊，他的温和。我也曾在一篇文章中强调他总是以平静的态度对待人生，对待社会。最近我觉得这一看法并不全面。从他在三四十年代引起的多次文坛论争来看，他其实并非总是甘于寂寞的，我看他还是很热闹的。除了创作，他写了不少作家论，评述一些同时代作家，还喜欢对文坛现象发发议论，文章也常常有锋芒和不冷静的情绪，结果往往招来许多麻烦。我找不出一个合适的词来概括他的这一特点。

❋汪　好管闲事。

❋李　对。他有时是这样的。

❋汪　对凡是不合他的意的，他就要发些议论。譬如，他并不了解中国妇女运动的背景，就出来谈论一番。四十年代有一次在上海，我见到巴金和李健吾，巴金就对我说：你告诉从文，别再写那些文章，写自己的小说就行了。

❋李　这大概就是人的性格的复杂性吧？

❋汪　但他在文学上没有派别观念。他与上海作家的关系都不错，但也批评穆时英的作品。

❋李　我觉得，一谈到文学，沈从文似乎就只有艺术这一个世界出现在他的眼前，人世间的种种关系、纠葛，他根本抛在脑后，像一个不悟社会的人天真地谈论文学。譬如他认为郭沫若的小说写得太差，就在文章中说：郭沫若可以是一个革命家、诗人，但就不能是一个小说家。话说得非常坦率。

❋汪　我觉得沈先生有时写文章考虑问题是太简单。记得在抗战时，我们都在昆明，他给余冠英编的刊物《国文月刊》写过一篇文章《鲁迅与周作人》。他说周作人如秋天，如秋水，看世界不隔，而鲁迅看世界隔。当时周作人已经是汉奸了，他还像过去一样谈他印象中的周作人，当然不合时宜，难怪一些左翼作家批评他。

❋李　这大概也显出他的一股迂劲。你比较喜欢他的哪些作品？

❋汪　我喜欢他中年的作品，也就是《边城》前后的作品，包括后来的《长河》。我认为他的主要思想贯穿着一个主题：民族品德的发现与重造。他强调人性，是真正关心人，重视对人的描述。他的《贵生》《丈夫》对普通人命运的关注和揭示，就不是一般左翼作家所能达到的。他对社会一贯关注，也有呐喊式的东西在。《湘西》《湘西散记》两部作品有集中表现。

❋李　他是一个很特殊的、很深刻的人道主义者。

❋汪　我还觉得，在创作上他描写边民，但却较早地带有现代意识，那些北京的受西方文化影响的文人欣赏他，这可能也是一个原因。他的有些小说带有性描写的痕迹，而当时西方文化正强调回到人本身。他对施蛰存说，他很懂弗洛伊德。他的《八骏图》，完全是用性压抑来解释那些高级知识分子。《看虹摘星录》也受到弗洛伊德的影响。他的这些特点，老人认为违反传统，而左翼作家则认为违反文艺的政治原则。

❋李　沈从文对文体好像特别有兴致，而且各种文体的尝试都很成功。譬如作家论，短篇小说的各类结构，写得与众不同。他对佛经故事也做改写，我认为这类作品不太成功，不能体现他的文学风格。

❋汪　那是他的拟作，受《十日谈》的影响。当时他主要给张兆和先生的弟弟编故事，就拿此作内容，属于试验。但从文体角度来看，他把佛经翻译注进了现代语言，应该说有所创新。这些小说，语言半文半白，表现出他的语言观，我看还是值得重视的试验文体。

❋李　说到试验文体，你认为他有的作品是否可以看作纯粹形式上的尝试？

❋汪　偶尔有这种情况。在西南联大教书时，他曾为了教学的需要而创作一部分作品。另外，他有时还有意识地模仿一些名著，我想他是在揣摩各种体验。他的《月下小景》中有些民歌，我不大相信是苗族民歌，完全像《圣经》里的雅歌，像《鲁拜集》中的作品。他也受到外国作家的影响。他说受过狄更斯的影响，我看不出这一点，我倒觉得他有些叙事方式有点像梅里美。他受到契诃夫的影响。《烟斗》，他说这才是学契诃夫。《顾问官》也很像契诃夫的风格，但比契诃夫写得调侃意味更浓一些。

❋李　一九八四年，有一次我同沈先生谈到他和外国作家的关系。我问他主要读了哪些翻译作品，他说他读过鲁迅兄弟俩翻译的日本小说，对他有些帮助。他告诉我他读得最多的、最喜欢的是契诃夫、莫泊桑的作品，还有李青崖等翻译的都德的作品，他承认这些人对他都有影响。你认为在现代文学史上，沈从文究竟占据一个什么样的地位呢？

❋汪　除了鲁迅，还有谁的文学成就比他更高呢？

1984年

画·音乐·沈从文

———❋———

"雨后放晴的天气,日头炙到人肩上背上已有了点儿力量。溪边芦苇水杨柳,菜园中菜蔬,莫不繁荣滋茂,带着一分有野性的生气。草丛里绿色蚱蜢各处飞着,翅膀搏动空气时窸窣作声。枝头新蝉声音已渐渐洪大。两山深翠逼人竹篁中,有黄鸟与竹雀杜鹃鸣叫。"

这是色彩与声音的世界。这是著名作家沈从文的代表作之一《边城》中的一段描写。作家像一个高明的画家,用带有色彩的词语,描绘好一幅夏日图景;他又像一个巧于安排乐音的音乐家,在生气勃勃的田园画里,又糅进自然动听的音响。读来,确让人感到沈从文的文字,有不同凡响的魅力。

以写小说著称的沈从文,和画、音乐倒真有密切联系。

沈从文爱画,尤爱带有中国风格的山水画、人物画,他也曾收藏过不少古代珍品。在现代文坛,会绘画的作家不乏其人,但像沈从文那样精于鉴别古画真伪的,大概寥寥无几。

沈从文的书房兼卧室里,三面都竖着高高的书架,搁放的书籍,除文学作品外,最多的要算古文物画集了。谈起古书画,他总像一位母亲谈起自己心爱的孩子那样一往情深。

早在二十世纪四十年代,沈从文就在创作之余,对中国古代书画有了研究。展子虔《游春图》，过去人们都认为是隋代的作品。沈从文仔细考证后，大胆做出结论，认定为唐代的《游春山图》。后来，沈从文专门研究中国古代服饰，这更练就了他辨别古画真伪的本领。一次，我问他怎样辨别真伪。他说，一般人鉴定真伪，多是根据笔墨、印章的真假，他则是根据画面上人物的服饰、物件的模样来判断。譬如说，有的画里的人物穿着是唐代的，可画面上有的物件却是唐代以后才有的，那就证明画不是唐代的，而是后人模仿的。一位才思敏捷、文笔如花的小说家，竟有如此广博的知识、如此谨严细致的考证本领，真让人惊叹、钦佩！

沈从文懂画，爱画，以一个艺术家敏锐细腻的感受力欣赏画，更在作品中"绘画"。他有次告诉我："我不会画画，可我想用文字在作品中画。"此话确可看作他的小说艺术的一个追求，也是他的经验之谈。在他的作品中，常常会看到他那颇为讲究的文字，绘出一幅幅人物画、山水画，淡雅质朴而有韵味。《边城》一开头，便绘出这样一幅湘西山水图：

"小溪流下去，绕山岨流，约三里便汇入茶峒的大河。人若过溪越小山走去，则只一里路就到了茶峒城边。溪流如弓背，山路如弓弦，故远近有了小小差异。小溪宽约二十丈，河床为大片石头作成。静静的水即或深到一篙不能落底，却依然清澈透明，河中游鱼来去皆可以计数。"

瞧，语言并不华美，却饶有韵味，活脱脱一幅中国风格的山水画。沈从文生平喜爱中国山水画，喜欢它淡泊澹远的意境、简约而富含蕴的表现手法，这段描写，可见他深得其味。至于他的作品的艺术风格，同样与中国传统画的美学特征有承继关系。

音乐，似乎比画更神秘，它在人们心灵上产生的影响，往往难以用语言描述。喜爱音乐的人，对音乐会有不同的感受，可我从没有见到一个人像沈从文那样喜爱家乡民间音乐，也没有想到，民间音乐会在一个老人身上，产生一种奇妙的作用。

一九八四年春，有一天我来到沈从文先生家。八十二岁的老人，半身不遂已有一年。看上去，他很疲劳，可那常被人描述的善良的微笑，依然挂在布满皱纹的脸上，透过镜片看，那双不算大的眼睛，还显得灵活。

听说沈老喜爱音乐，我特地带去一盘新录下的音乐会实况的磁带，那是意大利著名民歌演唱家布鲁诺·文图里尼演唱的民歌。文图里尼是当代世界享有盛名的歌唱家，今年四月，他在北京的演出获得很大成功。

沈夫人打开了录音机。沈老坐在沙发上，右手平放在靠背上，左手无力地搁在腿上。听着歌声，他的眼睛不时活泼地闪出喜悦的光。他欣赏文图里尼音域广、富有表现力的演唱。他说：文图里尼的歌有淳朴的特点，民间气息很浓，很感人。

淳朴，对，沈老在创作中不是一直力求表现人的淳朴吗？他的艺术风格也如是。

听完了文图里尼的歌，沈老很兴奋。好像他对中国音乐家很熟悉，他说中国的演员没有文图里尼唱得这么有味儿，这样感动人。沈夫人对我说，沈老爱听肖邦、贝多芬的交响乐，更爱听他的家乡的民歌和民间戏曲，特别是傩堂戏。

沈夫人刚说到这儿，一个令人难忘的场面出现了：沈老一听到"傩堂"两个字，突然咧开老太婆似的嘴巴，快乐地哭了，眼泪一会儿就顺着眼角的皱纹，淌了下来。

沈夫人告诉我，每次提到"傩堂戏"的时候，沈老都是如此。说着，她从书架上抽出一本精美的杂志，里面有一篇记述沈老和画家黄永玉回湘西家乡的生活。我看到了这么一段：

"业余艺人在黄永玉家的院子里为我们清唱一种叫傩堂戏的地方戏，最后一个节目叫《搬仙风》，由一位女艺人领唱，加上十多人的和声。《搬仙风》原是充满欢乐气氛的喜剧，但是那腔调却带着浓重的忧伤与苍凉，戏曲还没唱完，我发现沈老在轻轻地啜泣，后来沈老的眼泪竟和着那激昂的音乐与高亢而沉郁的歌声哭得更伤情。"

杂志上还附有几幅彩色照片，有一张就是沈老听傩堂戏落泪的照片。我看看照片，又看看眼前白发苍苍的老人，想到刚才那个场面，我仿佛从他身上感到一种什么东西，是什么，我说不清楚。

我还是好奇地问起沈老。他说，小时候，他常和小伙伴们玩游戏，唱歌，后来就爱听民歌、地方戏，喜欢那些音乐中保留的原始的、淳朴的感情。现在，八十岁了，可一听见少时熟悉的音乐，他马上就想到家乡的山水，家乡的风俗，小时候的生活。可为什么落泪，他，也说不清楚。

把笔触伸入湘西人们的心中，写出他们远离尘嚣的淳朴人性，又勾勒出山水的秀美，带有原始色彩的民俗，是沈从文小说的一大特色，也是常常引起争议的话题。人们会指责他不着力反映时代，把眼光瞥向过去，瞥向半开化的山村，这自然有一定理由。可我常常想，沈从文为什么对民间淳朴的东西那么感兴趣，那么一往情深？从他对音乐的感受上，我似乎悟出了一点什么。八十多岁的人了，几十年来，时代在他生活中的烙印不可谓不深，可他却还是怀着一颗似乎未涉时世、充满天真纯洁的心去感受音乐——特别是民间音乐。这难道不就是他的艺术家个性？在这种个性影响下，他选择题材、塑造人物，并由此形成自己的艺术风格。过去，我们分析作家创作，对时代、社会的影响较为重视，而忽略艺术家个性、气质的影响。从沈从文身上，我们不是可以得到一点启发吗？

沈从文，爱画、懂画，创作也与画相联系，对于这一点，有些研究者曾经涉及。香港学者司马长风说过："沈从文的笔是彩笔，写出来的文章像画出来的画。画的是写意画，只几笔就点出韵味和神髓，轻妙而空灵。这本是中国文学艺术的宝贵传统。"音乐与沈从文创作的联系，似乎尚未有人论及。有一次，沈从文对我说，他喜爱音乐，在作品中追求音乐的节奏。

最近翻看沈从文的《〈看虹摘星录〉后记》，其中一大段即是讲述他对以文字写"音乐"的探索，兹录出凑趣：

> 我这本小书最好的读者，应当是批评家刘西渭先生和音乐家马思聪先生，他们或者能超越世俗所要求的伦理道德价值，从篇章中看到一种"用人心人事作曲"的大胆尝试。因为在中国，这的确还是一种尝试。我对于音乐可说是个完全不扣的外行。不过一支小曲的进行以及它的发展过程，总觉得除用音符排比之外，或容许用文字如此或如彼试作处理。这其间没有乡愿的"教训"，没有黠儒的"思想"，有的只是一点属于人性的真诚情感，浸透了矜持的忧郁和轻微疯狂，由此而发生种种冲突，这冲突表面平静内部却十分激烈，因之装饰人性的礼貌与文雅，和平或蕴藉，即

如何在冲突中松弛其束缚，逐渐失去平衡，必在完全失去平衡之后，方可望重新得到平衡。时间流注，生命亦随之而动与变，作者与书中角色，二而一，或在想象的继续中，或在事件的继续中，由极端纷乱终于得到完全宁静，科学家用"热力均衡"一名词来说明宇宙某一时节"意义之失去意义"现象或境界，我即借用老年人认为平常而在年青生命中永远若有光辉的几个小故事，用作曲方法为这晦涩名词重作诠释。

他的这些话，或许能启发人写出一篇有分量的论文《沈从文作品的音乐性》。真能如此，倒能给文学研究又吹进一阵清新的风。

1989年

湘西，流不尽的声音

❋

　　窗外下着春雨，雨不大，落在树叶上声音很轻。我特意坐在窗前，注意听着外面的声音。未到这里，黄永玉先生就很诱人地说过，在湘西凤凰家中，每到夜间，可以听到林中杜鹃的啼叫，木履走在青石板上，嘎嘎发响。我注意听着，除了雨声，还是雨声，现在还不是杜鹃啼叫的时节，他遗憾地告诉我。

　　这间卧室，面对着南华山，如果是白天，可以依稀辨认出沈从文的母校文昌阁小学的位置。一九八二年，沈从文最后一次回故乡，就住在黄先生家的这间卧室里，那是在五月，与黄永玉、黄苗子诸先生同行。五月，是杜鹃花盛开的时候，大概也是杜鹃欢叫的时候。如果也下着雨，久别故乡的沈从文，会不会痴痴地坐在窗前，听雨声，听杜鹃声？

　　他会的，我想。一位老人重返故乡时，对童年熟悉的一切都会感到亲切。凤凰这样一个小城，这样清的水，这样绿的树，这样活泼的小鸟，沈从文早已在心里留下了它们的声音。他自己说过，童年的生活培养了他辨别声音的能力：蝙蝠的声音、当屠户把刀剜进一头黄牛喉中时它叹息的声音、藏在田塍土穴中大黄喉蛇的鸣声、黑暗中鱼在水面拨剌的微声……尽管早早离开了故乡，可它们常常诱发沈从文做出各式各样的梦，这些梦使他失眠，又使他进入一个文学的世界。他说这些梦，"既把我带回到那个'过去'的空虚里去，也把我带往空幻的宇宙里去"。我难以想象，如果没有故乡的水，故乡的声音，沈从文怎么会创造出那样丰富的文学天地。

沈从文对故乡声音的偏爱，那份动人的情感，我曾直接感受过。听着雨声，我回忆那个场面，寻思一个历尽沧桑的老人，究竟是什么使他永远保持着湘西的淳朴，水一般的纯净和平和。那是在一九八四年，也是春天。我去看望半身不遂的沈从文，知他爱听音乐，特地带去一盘意大利民歌磁带。他认真地听着。我们谈到了湘西，沈夫人特别提到一九八二年他们回故乡时，曾经观看过民间艺人演唱的傩堂戏。刚说到"傩堂"两个字，我便发现沈从文咧开嘴，眼泪流出。开心地大笑起来。我奇怪他这份孩童一样的天真。他随后告诉我："我小时候和伙伴们玩，一起唱歌，看戏。现在一听到家乡民歌，家乡的戏，就激动。常常一听到，马上就想到了小时候的情景、马上就联想到了，眼泪不知怎么就掉出来了。"病中的沈从文说话并不清晰，也很快，但浓浓的湘西口音，含着浓浓的真诚，和他的作品一样，风格是朴实的、情感是朴实的。

在凤凰，我看到了令沈从文感动的傩堂戏，傩堂戏的曲调并不复杂，类似民间小调的再加工，但听到有一种感伤的情调，甚或带点悲凉，远不像花鼓戏那样热烈、活泼。大概就是这种感伤和乡音才使沈从文深深感动的。这个剧团叫兰泉剧团。人们告诉我，一九八〇年，就是这个剧团将演唱的傩堂戏《还愿》的录音带，送到北京沈从文的家中。播放时，沈从文同样是泪水满面，还大声说："乡音！几十年没听到唱傩堂了，这是真正的乡音啊！"正是这一次促成了沈从文的最后一次故乡行。

傩堂戏是我在凤凰城看的第二场演出。第一场演出，并不像地道的民间戏这样给人深深印象，但台下的一批观众却使我感到了沈从文的魅力。那是些来自瑞典的游客，三十多人，由汉学家倪尔思领队。倪尔思是沈从文作品的喜爱者，他刚刚翻译出版了沈从文的散文集。他告诉我，这些瑞典的男女老少，都读过沈从文的《边城》，是"沈从文迷"。他们意趣不在湘西张家界的风光，而在"走沈从文走过的路"。这是倪尔思第二次组团前来，人数也更多。他们在凤凰参观沈从文故居等处，然后去《边城》所写的小镇茶峒、沈从文当年当兵住过的保靖、王村……他们风尘仆仆，但热诚、好奇远胜过疲劳，和他们坐在一起，我似乎第一次真正感受到沈从文的声音的力量。

看傩堂戏时，我想那些瑞典的"沈从文迷"，真该坐在旧戏台前，听听沈从文最喜爱的乡音；听雨声时，我又想，他们该趁春雨落、杜鹃啼的时候再来凤凰，像我一样听听沈从文曾经熟悉的声音。黄永玉说，是沈从文让世界了解凤凰。其实，沈从文不仅仅属于凤凰、湘西，他更属于中国、属于世界。人们会永远从他的作品中听到流不尽的美妙的声音，这声音源自故乡，源自他的心中。

破碎的将军梦
——沈从文胞弟沈荃之死

一

我走进了修葺一新的沈从文故居。

二十世纪二十年代初离开凤凰县去闯世界之前,沈从文一直生活在中营街 24 号这座小四合院里。如今,空荡荡的天井,空荡荡的正房,正等待着布置,供"沈从文迷"前来参观。

我没有丝毫好奇的兴趣,在沈从文童年住过的院落里去想象他的身影。当走近这座小院时,我早被一种说不清是沉重或是镇静的情绪控制着。我知道现在只有一位老人住在左厢房,她是沈从文的弟媳罗兰夫人。

记得是在半年前,从黄永玉先生那里第一次知道了沈从文的弟弟沈荃的遭际:作为一个国民党少将,一九四九年参加了湘西凤凰县的和平起义,但在一九五一年却又被误杀,一九八三年终于平反。

乍一听到这事情,我惊呆了。我从未想到沈从文在那么多的精神压力之外还有这样沉重的负担。黄永玉在纪念表叔从文的文章中,将沈荃的死写得那样悲壮,几近于小说家的想象和渲染。这种悲壮让人想哭，却又喘不过气。我不知道沈从文生前是否知道这些。

我见到了罗兰老人。已经八十多岁的她，却丝毫没有衰老的样子，清瘦的面庞，仍让人相信当年的秀丽。她看上去，顶多不过六十岁，言谈、表情、举止，全流露出一种文雅、温存的风度。难得的是那种清晰的思绪、平静的口吻，全不像是从磨难中走过来的女性。像她这样的女性，以前我只见到过一个，即胡风的夫人梅志。

和罗兰攀谈，总感到她那静穆的风格背后，隐含着热烈深沉的情感，一种具有穿透力的话语以平淡的形式打入人心。她谈到了死去多年的丈夫（她说过去从不肯对人谈，自己也不愿去思念，因害怕，连丈夫的一张照片也没留下）；她谈到了二哥沈从文、二嫂张兆和；她谈到了女儿朝慧自小在磨难中成长的辛酸。也许憋了很久很久，她似乎想将过去的一切尽量从记忆中找回。

我看着她递给我的沈荃的平反通知书、刑事判决书和起义人员证书，能体会她的心情。这通知，这证书，终于到了她的手中。虽然来得太迟、太迟，或者根本就不该发生。（也许历史巨变阶段难以避免？）

我没有问罗兰，当接到这些通知时是否激动，手是否颤抖？我也无从得知，沈从文听到这些消息时，是和平常一样平静，还是落下了泪？

一切都伴随着苦恼和哀伤流逝，一切都在晚年的沉思中成为历史。已经承受过磨难的人，会坦然地承受喜悦的兴奋，会将苦难和兴奋一并留在心底。沈从文也好，罗兰也好，对曾经存在过的一位亲人的思念，只有他们自己知道是浓是淡，是长是短。或许在到了另一个世界之后，沈从文的灵魂会轻轻地呼唤？

二

沈荃比沈从文迟四年降生在这座小院里。沈从文，一九〇二年出生。沈荃，一九〇六年出生。他们兄弟姊妹共九个，沈从文排行第四。后来死去一位姐姐和三位弟、妹，变成了兄弟姊妹五人，沈从文排行第三，沈荃排行第四。

打从他们来到这个世界，这座小院的主人的将军梦越发美丽了。

沈从文的祖父曾是湘西声名显赫的靖军将领，而沈从文的父亲生不逢时，最终也未能像沈从文的祖父一样光宗耀祖。沈从文的父亲为之遗憾，他将美丽的将军希望留给了孩子，世界是属于他们的，他想。

当父亲的完全有理由做这样的梦。孩子们的祖父毕竟为他们开创了这值得炫耀的家业。沈从文后来记述过他的祖父：

> 咸同之季，中国近代史极可注意之一页，曾、左、胡、彭所带领的湘军部队中，篁军有个相当的位置。统率篁军转战各处的是一群青年将校，原多卖马草为生，最著名的为田兴恕。当时同伴数人，年在二十左右，同时得到清提督衔的共有四位，其中有一沈洪富，便是我的祖父。这青年军官二十二岁左右时，便曾做过一度云南昭通镇守使。同治二年，二十六岁又做过贵州总督，到后因创伤回到家中，终于在家中死掉了。

沈从文和沈荃没有亲身感受到祖父的荣耀，但这荣耀却由父亲化作希望，寄托在他们身上。庭院虽小，将军梦的天地却无限宽阔。

将军梦不只是沈家的梦，小小的凤凰城里，这种梦是五光十色的。

湘西是一块特殊的区域，而凤凰更是一种特殊模式的构成，沈从文称之为"古怪地方"，人们则更视之为偏僻而近乎蛮荒之地。它处在汉、苗两民族相交之处，自清朝镇压苗民起义，派兵驻扎此地以后，血与火、野蛮与残酷，从未间断过，给这座小小的边城笼上了悲凉的气氛。这里的人们，似乎血液里天生应该拥有尚武的成分，特别是对于那些祖先曾做过将军的家庭来说。

凤凰城外有条河，名曰沱江，实则是一条小河。然而，有水却无船，只有窄小、仅供一人站立捕鱼的鸬鹚小舟，在有限的水面转悠。水，一代代往前流，但怪石遍布、跌宕不止的河道，实在不能作为交通要道，将小城同山外的世界联系。于是，一百多里的山路，走至吉首再坐沅水上的船下行常德，成为这里通往山外天地的唯一途径。这一状况，直到二十世纪五十年代公路修通才得以改变。

这样的位置，凤凰应是封闭的，于是，各种原始色彩的神灵，在二十世纪仍然在人们心中发挥着作用，淳朴的民风像山一样古老。然而，这封闭被尚武的人们又扯开了一道大缝。一代又一代，尚未成年的男子，会像祖辈、父辈一样去从军，去闯荡天下，去做美丽的将军梦。

清代时官至总兵、参将、提督的凤凰人不下三十人。从辛亥革命爆发至一九四九年，凤凰籍的国民党将军达三十四人，其中中将七位、少将二十七位。随红军参加长征而成为将军的凤凰人，也有数位。

生活在这样的山区小城，父亲完全有理由将自己未实现的将军理想，像遗产一样传给孩子。

将军梦，沈从文，沈荃，谁能做得圆满呢？

三

沈从文首先打破了将军梦。

在沈从文六岁时，他和两岁的弟弟沈荃同时出麻疹。

沈从文回忆：时正六月，日夜皆在吓人的高热中受苦。又不能躺下睡觉，一躺下就咳嗽发喘。又不要人抱，抱时全身难受。我还记得我同我那弟弟两人当时皆用竹簟卷好，同春卷一样，竖立在屋中阴凉处。家中人当时已为我们预备了两具小小棺木搁在廊下。十分幸运，两人到后居然全好了。

一场病，从此改变了沈从文的命运，改变了父亲对他的厚望。本来健壮的沈从文，病愈后变得瘦弱，不再是父亲所希望的军人的苗子。

将军梦注定要离沈从文远去。

尽管如此，父亲仍然欣赏沈从文的聪明，指望他能做比将军更有出息、地位更高的事情。父亲喜欢京戏，于是一度希望沈从文学戏，能像谭鑫培一样出色。

童年的沈从文又一次违反了父亲的意愿。他逃学，他说谎，他将全身心浸泡在清清的溪水中，在城外的阳光下、大自然中，自由地开始他对这个世界的体验。

凤凰的水很清很清，即使到了八十年代，站在北门外的石板桥上，仍可见水中清晰的石块，如果远远望去，则是碧绿碧绿的一条玉带。仿佛是上帝的安排，清清的水和静谧翠绿的山峦环抱凤凰城，给它的悲凉又平添一种宁静。在厮杀、拚斗的同时，城里的平民又有一种悠闲、安宁，与世无争的心态和尚武的理想并存，淳朴和狡黠糅合在一起。

在山水之间，在不同成分并存的民风之中，沈从文的性情更趋向于想象的天地、艺术的天地。他有特殊的感觉，能辨别出不同的气味：死蛇的气味、腐草的气味、屠户身上的气味、烧碗处土窑雨后散发的气味。他能辨别出不同的声音：蝙蝠的声音、黄牛被刀剡进喉中时叹息的声音、藏在田塍土穴中大黄喉蛇的鸣声、昏暗中鱼在水面拨刺的微声……这些声音，夜间进入了他的梦，丰富着他的想象。日后远离家乡后，这些声音仍然诱发他做出五光十色的梦，把他带回"那个'空虚'的过去"，也把他"带往空幻的宇宙"。

当然，这一切对当时的沈从文来说，是潜在的，茫然无知的。那种与艺术天然的联系，对艺术杰出的敏感和丰富的创造力，只有在湘西的浪迹之后才会渐渐为他所明了，将他引向文化的中心——北京。

沈从文受着尚武和艺术的双重熏陶，但少年的他依然只意识到将军的诱惑。在凤凰刚刚当兵时，他只想进陆军大学，对排长、总爷之类的小军官，他不屑一顾，他回忆说："父亲平时用甜甜的故事，给我讲祖父做将军赢得的那份荣光，平时不怎么在意，这时却在我身上起了作用。我本来就不爱读书，皇帝又被赶出了金銮宝殿，心想当状元已毫无希望，当将军还有可能。一有了这种念头，我便俨然有了当将军的气概。得到军部奖语时，我就认定自己将来总有一天要当将军。有一段时间，我几乎成天生活在做将军的想象里。"

十四岁时，沈从文和别人一样，踏上通往山外的小路，到凤凰之外的区域当兵去了。然而，在沅水上下，在王村、茶峒，孕育的不是别的，而是《边城》以及一篇篇美丽的小说。从湘西，他走向北京，登上的不是将军府荣耀的台阶，而是文学的神圣殿堂。

父亲的光荣梦想，历史性地落在了沈荃身上。

沈从文回忆，弟弟在那场麻疹病愈之后，家中特别为他请了一位壮实高大的苗族妇女照料。因为照料十分得法，沈荃身体发育得强壮异常。"年龄虽小，便显得气派宏大，凝静结实，且极自重自爱，故家中人对我感到失望时，对他便异常关切起来。"

沈荃长大了，也到了凤凰人闯荡天下的年龄。一九二二年，年仅十六岁的沈荃在做过一段时间的熊益昌布店学徒之后，和二哥沈从文一样离开了凤凰，参加湘西巡防军，当上了勤务兵。

军队是那么诱人，将军是那么诱人，他与沈从文不同，他是真正把从军当作自己毕生的事业，他勇敢而自豪地把父亲寄托的光宗耀祖的希望扛在肩上。做一个新式军人，做一名将军，这声音激发他迈开人生的关键一步。

从此，两个自小一起长大的手足兄弟，在各自选择的人生路途上向前走去。

四

一九二五年，在沈从文困居北京、即将叩开文坛之门的时候，广州发生巨变，诱发了沈荃的将军欲望。他走出湘西，向黄埔军校走去。

孙中山确立的"联俄、联共、扶助农工"的三大政策，为广东带来了勃勃生机，黄埔军校顿时成了青年注目的中心。

沈荃走来了。

湖南的青年成了黄埔军校学员的重要来源。据有关史料统计，在一至五期黄埔学员中，湖南人占了很大比例。而后来国共双方出自湖南学员中的著名将军不乏其人，如陈赓、宋希濂、郑洞国、郭汝槐等。

和别的学员有所不同,沈荃没有卷入不同的党派之争中,他唯一所期望的,是从军,是在战火中成为一名出色的军人,去实现父辈的梦想。他于一九五一年写于狱中的《反省书》中表白:"一九二五年去广东考进军校军官补习班,对党派没有兴趣,两派都不参加,对军事学习,极感兴趣,尤其是战术。祖父、父亲是军人故,生长边区屯营之地,从小在队伍中混。"

沈荃在校参加了国民党,但并非有意介入政治,而是黄埔军校处于国共合作时期的一项规定。后沈荃入校的郭汝槐的回忆可作佐证:"我进黄埔军校时,还处国共合作时期。黄埔学生入学时,都需加入国民党。中共党员考入黄埔时,或黄埔学生参加共产党的就持有两个党证。"

一个军人盼望的战斗终于来到面前。沈荃一九二六年年底走出校门,投身于北伐战争,到南昌朱德的第三军军官教导团里做了一名见习排长。一个新型军人生涯由此正式开始,通往将军的道路向前铺展。

离开军校大门的时刻,沈荃一定和许多学生一样充溢着激情。他和同学们高喊着本届毕业誓词时,为进步事业而战的决心和为实现将军梦而战的信心显然会交织在一起。

沈荃和同学们发誓:"不爱钱,不偷生。统一意志,亲爱精诚。遵守遗嘱,立定脚跟。为主义而奋斗,为主义而牺牲。继续先烈革命,发扬黄埔精神。以达国民革命之目的,以求世界革命之完成。"

北伐战争,国共分裂,蒋介石清党……在一串串政治、军事的漩涡里,沈荃似一叶小舟无法控制地飘荡。尽管他倾向"左"派,被视为"赤嫌"而官运不通，但他仍然执着地在军队里奋斗，捕捉每一个可能的机会。

沈荃这样回忆北伐战争后的生活：北伐时我本派在第三军军官教导团当排长（团长朱德），后来调在陈嘉佑军当连长（武汉临时政府时期）。同事中多半是共产党员。我未入党，只想光宗耀祖，清党时以"赤嫌"开革回家。在陈渠珍部为其办军官教育，一年后又被控为共党分子逼去南京。我虽是国民党员，但不参加活动，（看了许多共产党名人的书）讲话"左"，被视为危险分子。

沈荃所说的陈渠珍是著名的"湘西王"，自一九二〇年起成为湘西的统治者，一九二六年参加北伐，任国民革命军左翼军副总指挥兼第四路军指挥。沈荃一九二七年回家乡凤凰，便成了陈渠珍的部下，任陈的十九独立师的军事讲习所队长兼代教务长。去南京军官研究班学习再归凤凰时，二十五岁的沈荃，便成了新编三十四师中校参谋主任，随即任五团副团长。沈荃的军官之路虽然艰难，却总是闪烁着几丝希望。

沈家的将军梦并非只是一种梦幻。

无法知道沈家父亲对沈荃的升迁的感受，但从沈从文当年在《从文自传》中的叙述，让人感到了沈家的某种自豪：

  这小孩子到后来也并不辜负家中人的期望，二十二岁时便做了步兵上校。至于我那个爸爸，却在蒙古、东北、西藏，各处军队混过，民国二十年时还只是一个上校，在本地土著军队里做军医，把将军希望留在弟弟身上，在家乡从一种极轻微的疾病中便瞑目了。

五

十几年后，沈荃终于当上了将军，实现了沈家的将军梦。但是，此时他已四十二岁。早年的壮志和抱负已化作人生的苦涩渗入心底。一九四八年的他，在多年的战火中，在多年的人际摩擦之后，显得有些疲惫。也许，此时他心中清楚地明白了靠个人努力当将军是难乎其难的。更何况，一九四八年四月任命的国防部少将监察员，只是徒有虚名，远不是他、他们沈家父亲所梦幻的那种叱咤风云的将军。

沈荃由中校至少将之前的经历，可以这样简介概括：

一九三一年任新编三十四师五团副团长；

一九三四年任该师工兵营长；

一九三六年任一二八师三八二旅七六四团团长；

一九三七年十一月与日军激战于浙江嘉善负伤；

一九三八年又率部参加九江战役，血战沽塘，失败后带伤回湘西；

一九四〇年二月任十六志愿兵团团长；

一九四一年五月任暂五师四团团长，是年冬参加长沙第三次会战；

一九四二年三月升暂五师二旅副旅长，不久废旅，调任军事督员会驻滇干训团上校战术教官；

一九四三年到印度兰姆加军官战术学校受训；

一九四五年五月调军训部步兵总监任上校监员。

说不清是从什么时候开始，沈荃对将军的热望开始冷却，意志开始消磨。是对政治的厌倦，还是对现状的厌倦？是对战争的反感，还是对军内陋习的反感？

从沈荃的《反省书》来看，一九三九年，他一度下决心离开军队，不再当兵。他说：一九三九年调委新六军参谋长，我不到差。同年委我第十六志愿兵团团长，不三月即调赴修水补充七十一军。到地被以连编散，营以上军官为附员，我回家发誓不再当兵，把手枪服被全给朋友，开始嫖赌。后到昆明我二哥处闲住几月，仍回沅陵家里。

对沈荃另一次打击是在一九四一年。他回忆说，当时他在暂五师任团长，师长戴季韬调任师管区司令。他觉得自己本来有可能升任师长，但在当时国民党军队中，最为吃香的是在陆军大学又进修过的黄埔毕业生，而他只是黄埔生。结果来上任的新师长便是黄埔第五期的湖南学生，后又进过陆军大学的郭汝槐。

郭汝槐的一段话可以证明沈荃对升迁的忧虑并非杞人忧天："蒋军后来戏称陆大毕业的黄埔生为'绿头巾赏穿黄马褂'，这种人比较行时，官运亨通——只绿不黄，只黄不绿都略逊一筹。"

沈荃无法摆脱军队现状带来的苦恼，升迁的失望显然影响了他日后的情绪。从郭汝槐的回忆录中可以看出，沈荃与这位新师长的关系极不融洽。郭汝槐对沈荃也有一定的反感，如今无法判定谁是谁非。

下面这段郭汝槐的文字是目前所见唯一的同时代人关于沈荃的记叙，尽管带有明显的贬义，仍全文录出：

记得我刚到暂五师时，我说我喜欢射击，一个名叫沈荃的团长听了之后，就在我面前吹嘘说："打枪嘛，不是我自夸，那是弹无虚发，摔一个柚子到空中，我可以一枪打中。"

湘西土匪之中，确有打好枪之人，实不敢藐视，我忙对他说："沈团长，耳听是虚，眼见为实，你就露一手吧！"

我遂命人拿了一个柚子来，抛上天去，叫沈团长用手枪打。看热闹的人，把我和沈团长围了个里三层，外三层，可他连打了几次，均未击中。沈无地自容。

沈荃是黄埔毕业的，又是教官、军官。不知郭汝槐是不知还是故意将沈荃说成为土匪。一个一心想当将军的人，在另外一个将军眼中，就是这样一副模样，沈荃的冤屈也许是不可避免的命运。

然而，和未来的被误杀相比，这点冤屈只不过是一个小小的玩笑。

就在沈荃当上少将后的第二年开始，历史就已经定格。一个不该产生将军的沈家，将军梦无论如何不会给人带来幸福和荣耀。

六

一九四九年春，沈荃在上海目睹了一个旧政权的衰落。他不愿意南下广州，心灰意冷的他，此刻，那颗心早已维系在家乡凤凰那片清清的水，青青的山林。

带着两位妻子——一位由父母安排的原配夫人，一位沈荃自己在外自由恋爱结婚的妻子罗兰，沈荃回到了家乡。和他们一起的，还有沈荃和罗兰生下的孩子，一个刚刚六岁的女儿，她降临在动荡岁月，又注定要在磨难中成长。

沈荃回到凤凰时，中国人民解放军尚未到达湘西，统治地方的仍是湘西王、沈荃的老上司陈渠珍，当时陈任国民党的湘西行署主任。

一九四九年八月，国民党湖南绥靖公署主席程潜通电和平起义，中国人民解放军随即进军湘西，陈渠珍面临着历史性的抉择。

他选择了和平起义。

沈荃作为一位在地方有影响的军人，也参加了这一历史举动。

一位当年参加动员陈渠珍和平起义的解放军干部回忆这一往事，提到了沈荃，据当时了解，陈渠珍先生接到我军首长的信件后，随即召开了凤凰县旧军政人员和知名人士会议。参加会议的有谭自平、熊子霖、王荣梧、包凯、沈荃、刘祖平、陈兆鹏、包心杰等。……包凯、沈荃是原国民党军队将领，他们在凤凰都有较大影响。会上，他们都表示"唯玉公指示为命"，愿意跟随陈渠珍先生和平起义。

凤凰县于十一月七日和平解放。按照陈渠珍和解放军湘西军区首长商定的协议，凤凰县和平解放，旧县政府停止一切活动，成立凤凰县临时治安委员会，筹备粮草，支援解放军进军西南。

沈荃在新成立的临时治安委员会中任军事组副组长。

五个月后，凤凰县正式成立人民政府，并成立县政府地方常备队，指挥部设指挥长、副指挥长、指挥员。沈荃任指挥员，这是没有实权的职务。常备队的任务是配合解放军四十七军一三九师四一七团，在凤凰县各地剿匪和轮流受训。

从一九二五年投军黄埔，人生画出一个大圈，又回到山洼中的凤凰，曾官至少将的沈荃又混迹于四百人的地方武装之中，这无疑是历史给沈家的将军梦开了一个极大的玩笑。

此刻，想必沈荃只想跟上一个新的时代，平静、安稳地在故乡度过平淡无奇的生活。他无意再去拼杀，无意再做一个新型军人继续实现父辈的理想，显然他知道他已不属于这个时代，光宗耀祖也永远是不合时宜的梦幻了。

尽管如此，沈荃多少要为新的政府奉献一点什么。一九五〇年三月十七日，他参加了"湘黔川鄂四省边区苗族联谊会"，因为他的身上也有苗族的血统。沈家父亲的生母是苗族人。

这次"苗族联谊会"是在中共湘西区党委和沅陵专区的授意下召开的，由当时尚未反叛的苗王龙云飞负责筹备。筹备会散发了倡议书。这份倡议书便是由沈荃起草、修改的。

倡议书的头一部分简单追述了一下苗族的族源，苗族是蚩尤的后裔，是一个具有几千年历史文化的古老民族。鼓励苗族人民发扬本民族勤劳勇敢的光荣传统。第二部分是对国民党政府的控诉，诉说苗族人民在国民党反动派的统治下，备受歧视和压迫的痛苦。第三部分是倡议书的核心，强调苗族人民只有团结起来，在共产党的领导下，根据共同纲领有关民族问题的政策，实行民族区域自治，才能在振兴国家的同时振兴苗族。

对沈荃、对参加凤凰起义的旧军政人员，弃旧投新也许意味着一切都将过去，展现在他们面前的是建设、是创造。他们未必都真诚地相信新的一切，但他们或主动或被动地拥抱现实，拥抱新的生活。

但是，倡议书的话自沈荃笔下流出，也可以看成是他的复杂心情过滤之后的坦白和愿望。

龙云飞父子的反叛，彻底打破了凤凰起义人员短暂的安宁，"苗族联谊会"转而被说成"反动会议"，剿匪胜利后对起义人员的重新审查，更彻底改变了沈荃的命运。

七

冬天，风正紧，天正寒，剿匪的战斗也正酣。

和平解放后的凤凰县，安宁不到一年，反叛的土匪便将整个局势变得十分严峻。不可想象的事、不该发生的事，让后来人予以平反的事，便在这块特殊的土地上、在特殊的时候必然发生了。

一九五〇年十二月十八日，曾为解放军进军西南、剿匪做过一定贡献的凤凰常备队，一天之间，在四个城镇同时被解放军包围缴械、改编。也就是在这时候，全国性的镇压反革命运动开始。

据当年的常备队员回忆，常备队确实鱼龙混杂，成分复杂，良莠不齐。"有的在配合解放军剿匪时牺牲负伤，也有的叛变，有的通匪。"

就在十二月十八日拂晓，常备队指挥部的人员在县城被缴械。沈荃离开了家，离开了罗兰，从此他们不再相见。

被解放军突然改编的场面，自己突然被掷入阶下囚一般的境地，使沈荃的情绪无法冷静。

关于这次拂晓行动的经过，有这样详细的叙述：县城。拂晓，四一七团团部电话通知谭自平带指挥部及二、五大队的官佐到天主堂集中，解放军在天主堂的周围架设了机枪。常备队官佐在礼堂集中后，宋子兴县长向他们宣布常备队同解放军合编的决定，并要他们缴了所携带的手枪。九点，二大队、五大队及四大队的胡奠安中队，全部开到箭道坪集合。解放军在箭道坪周围架设了机枪，在大门口设置了岗哨，只准常备队人员进去，不准出来。常备队到齐后，四一七团钱参谋长讲话，传达光荣合编的精神，然后命令常备队架枪，向后转，向前三步走。解放军把常备队的所有枪支收缴后，常备队再向后转回原地。这时，谭自平讲话，要大家服从命令，配合解放军搞好合编。这天早上，许多换上便衣的解放军事先已占据奇峰寺，居高临下控制了谭自平的指挥部。

一切来得太快，太突然，沈荃不能适应瞬息万变的现实。天生的军人气质，毕生的军人追求，他没有变得世故、圆滑。他不想掩饰自己，不想虚伪地沉默，于是，悲剧不可避免地降在他的头上。

常备队的军官当即被集中在县城公园里学习，不能和外界联系。可能因为沈荃官衔高，或者文化水平高，他被指定任学习队长。然而，在大会发言中，沈荃坦率地发出牢骚，说出"狡兔死走狗烹"一类的抱怨。

这样的话便将他钉在了死亡线上，致使几十年后，曾经管理过沈荃等人的一位干部，仍然回忆说："记得有一位姓沈的态度最不好。"

一九五一年二月四日，在公园里已经集中学习两个多月的军官队，接到了军分区的电令，调学员包凯、刘祖平、沈荃三人到军区工作，限七日赶到。

沈荃等三人当即出发，于六日晚赶到军分区所在地辰溪。与他同行的包凯，也是一位国民党少将。

罗兰回忆，沈荃离开凤凰，没有回来话别，也没有通知她去送行，连应带的日用品也未送去，从此，杳无踪影。

一赶到辰溪，沈荃等人就被收押。二月九日，沈荃在狱中写出达数千字的《反省书》，简述自己的一生。

他提到了二哥沈从文。

家住楠木坪18号，父母已亡故，有兄长二人，大兄云六居凤凰做小本生意，二兄从文现当北大教授，姐妹各一已出嫁。妻二人，田碧琼、罗兰均受中等教育，现在沱江镇纺纱过活。女一人，朝慧，年八岁，在县小读书。《反省书》中沈荃逐条交代、说明有关问题。谈到"我对帮会的看法"时，他说："我以为我是进步军人，不入帮会。"在第四部分"我过去的罪恶"中，他写道："……不过我带兵十多年，除了作战，从不杀人、抢人、强奸。"

最后，沈荃表示决心：

> 我愿意做一战士，站在最前线去立功，以赎前非，决心为人民服务到底，什么事我都可以做。我虽然四十六岁，可是身体、精神并不坏，万一政府要我好好为老百姓，我当遵守政府一切法令，劳动生产，以谋生活。

这样的表态，最终没有改变沈荃的命运。一九五一年十一月二十八日，他被判处死刑。

黄永玉听人讲过沈荃被杀的场景，在他看来，那无疑是一曲悲壮的绝唱。沈荃将军毯铺好，跪下，对着枪口。他用手指着前额，说："对着这儿打。没想到你们会这样。"

枪响了，沈荃倒下。沈家的将军梦永远地破碎了，破碎得这样突然，这样不可思议。将军梦没有给沈家带来丝毫荣耀，带来的却是一段复杂的历史，几缕后人的哀思。

八

丈夫被判死刑，无人正式通知罗兰，她和女儿朝慧痴痴地等待着沈荃归来。开始，有人说，沈荃到分区去参加抗美援朝。最后，噩耗终于传来，但已是好多天以后的事了。作为"反革命家属"，罗兰不敢声张，哪怕哭泣也不敢，只能将深深的思念埋在心底，几十年后才能对人叙说。

沈荃死后，无亲人前来收尸，最后由一位当过他的勤务兵的屠夫，用木板草草钉了一个棺木将沈荃收埋。如今，屠夫已死，再也无人知道沈荃的坟墓究竟位于何处。沈荃给这个世界、给凤凰、给沈家，什么也没有留下，除了唯一的女儿朝慧。

无法描述八岁的女孩在父亲被误杀之后承受的精神压力。生活于凤凰小城的朝慧感受到的敌意、歧视的压力会更大。一种强烈的摆脱这种环境束缚的欲望，在这位姑娘胸中从没有熄灭过。贫困，她不怕；吃苦，她能忍受。唯独世俗偏见和政治歧视，她无法忍受，她要离开家乡，她要到远离母亲、远离父亲的身亡之地北京。

在沈荃死后几年，朝慧小学一毕业，便在大伯的资助下，独自一人走出凤凰，到北京二伯沈从文家生活。当年，父亲也是这个年纪独自出山，他是要实现父辈的将军梦。今天，她出山，却是要摆脱将军梦碎片的沉重阴影。二伯沈从文同样是这个年纪独自出山，他放弃了将军梦，却以巨大的文化成就支撑起一片不大的绿荫，来庇护这位来自湘西的少女。

沈从文那时处境并不好，在一九四九年年底还曾试图自杀过。他放弃了钟爱的文学创作，转为研究历史文物，在故宫博物院历史的陈迹中寻求灵魂的平静和生活的充实。朝慧的到来，给他的肩上又增加了几分重负。他默默地承受着历史给予他的一切：荣耀、痛苦……一直将朝慧抚养成人。

历尽磨难的朝慧终于也有了自己的家，成了著名雕塑家刘焕章的妻子。她可以舒心地一笑，哪怕带几丝苦涩。她走出了将军梦碎片的阴影，等到了父亲平反的日子。

沈荃死后，罗兰一直靠缝纫度日，七十五岁时才退休回家颐养天年。其间，她不敢离开凤凰半步。她的娘家是在泸溪附近的溆浦，凤凰无亲戚。这些年里，她始终是一个人生活。

沈荃的原配夫人田碧琼娘家是凤凰的望族，她的爷爷田兴恕做过贵州提督。沈从文的祖父便是在他的手下立战功而当上将军的。

沈荃在世时，田碧琼和罗兰在一起生活，沈荃死后，田碧琼便回到娘家，"文化大革命"期间病逝。

一九八二年，沈从文和夫人张兆和回凤凰，得知罗兰还在缝纫店里干活。这时，沈荃尚未平反。

沈从文和夫人默默地走到缝纫店门口，往里探探头。这时罗兰走了出来。久别重逢的亲人紧紧握手，谁也没有讲话。沈从文不需问，不需说，一切都在心底，都在无言的老泪纵横之中。

沈从文迈着苍老的步履，在童年熟悉的、景致依旧的青石板上缓慢地走着。街上有以他的小说《边城》命名的店铺，有人在议论着：我们凤凰的名人回来了。他也来到了沈家故居，这时里面还住着好几户人家。他走了过去，在天井里兴趣盎然地向夫人指点着他童年生活的房间，他玩耍的地盘。

他没有提到沈荃，但他心中一定有弟弟熟悉的身影——他们一同的嬉闹，一同的哭叫。也许他又回忆起两人一起出麻疹，被家人都用竹簟卷好竖立在屋中阴凉处的往事。病魔没有夺去他们的生命，但决定了他们生命的不同的结局。

七年后，我走进小院的时候，这座小院里已竖起了介绍沈从文的石牌，向来自海内外各国"沈从文迷"介绍一位著名作家的生平。

沈家真正荣耀了，凤凰真正荣耀了，然而，不是靠将军梦的实现，而是靠那些小说，那些散文。

会不会到这时人们才明白，这个世纪，沈家已经不再需要将军。

破碎的已经破碎，碎片永远地散去，散去……

一九八九年六月
（原载《报告文学》一九八九年九月号）

1990年

历史追寻的诱惑

✱

我们每日都在生活，每日都承受着现实的一切。翘望未来与凝眸历史，自然也是现实的一部分，它们充实着现实中的生命。

与此同时，生活一天天走向未来，也就一天天成为历史。历史，不管它是整个世界、整个民族、整个国家的历史，抑或是个人之间的历史，只要一旦成为过去，它就会是只将峰顶露出水面的冰山，人们也许永远不能知道水下面的一切到底是什么模样。

面向历史时，人们会显得多么渺小。描述、追索、解说，一切都会苍白无力。简单的、无意识的、偶然为之的某一历史瞬间，也许被解说为无比复杂而意味深远；错综复杂的、影响巨大的某人某时某地，却又极可能被视为林间随意飘过的一阵清风而逝于荒野。

河水每天都在流动，时间每时都不同于以往，阳光每天都闪烁不同的光芒。对于往事，即使每个人的回忆是准确的，也会因为情景的变幻、意识的更换，而得出相反的结论。

一切，一切，都是当面对历史事件、历史人物时，不得不产生的彷徨和犹豫。然而，诱惑也往往与彷徨、犹豫相随。不管自己的生活有着何种何样的矛盾、困惑、伤感，历史人物和事件的回溯，总是会让自己感受到乐趣。故纸丛中，悠悠往事，依然活现着生活的新鲜和复杂，活现着一个个丰富的性格。在历史的观照下，寻找现实生活的脉络和意义，有什么能比这样的追寻更富诱惑呢？

看来，我会不断地追寻下去。这也就是我在完成《胡风集团冤案始末》之后又选择写沈从文和丁玲的缘由。同一个震撼中外的千古冤案相比，沈从文和丁玲的恩怨沧桑，的确显得轻飘。但是，把笔触伸向这样一个历史话题，并非是疲倦的旅人躺在清凉的草地上以获得美妙的小憩。

沈从文、丁玲，作为二十世纪中国两位著名作家，他们各自的成就和人生道路，本身就可视为独立的巨大存在，有各自的风景。他们即使从不相识，他们即使没有恩怨沧桑，他们的生活仍然可以在历史舞台上不减其丰富色彩。但是，历史既然安排他们相识，相识在五四新文化运动蓬勃兴起的时代，相识在他们开创各自未来文学生活的开端，那么，他们的恩怨沧桑，就不可避免地成为他们人生的一部分，折射出二十世纪中国知识分子的生活和性格，反映这一代人的心境历程。

从二十世纪二十年代相识，到八十年代相继去世，沈从文和丁玲的交往经历了友好、冷淡、隔膜、攻击等不同阶段，他们的人生观念和生活的喜怒哀乐，是随着中国政治历史的变迁而不断变幻的。他们的人生是一部大的交响乐，相互的恩怨自然是密不可分的乐章，哪怕它最后发出不和谐的声音。唯其不和谐，才显得复杂和重要。唯其重要，才诱惑人们去聆听，去在历史的追寻中更深地了解他们，感悟未曾感悟的人生，感悟他们独特的性格。

一个现实的人，很难对历史人物做出准确的评说。但力求通过客观的、言之有据的叙述来勾画历史的轨迹，总是作者的愿望。简单的是与非，简单的评判，不属于作者的笔。为人们描绘史料中呈现出的性格和有意味的话题，这便是作者写作时常常飘飞的思索。

对于沈从文、丁玲这类一生经历过一次次大起大落的文人，不管从哪种角度审视，大概都会有意想不到的收获，并能给予人们以启迪。从某种意义上说，阅读一两个文人的生活也就是在阅读历史。对他们的情绪、品行、性格的了解，也就是在审视文人丰富多彩的层面。看到沈从文、丁玲不同的性情、不同的人生态度、不同的文学趋向时，我觉得自己仿佛又多了一些人生体验，多了一些对历史的认识，甚至对于现实中文人的认识，也会因此而丰富起来。

沈从文和丁玲，即使在关系最为密切的二十世纪二三十年代，性格的不同，也是显而易见的。

以性格而言，沈从文温和，丁玲泼辣；沈从文以一种虽然带有愤激，但总体是平和的目光审视人生和社会，丁玲则以火一样的热情和疾恶如仇的目光，对待一切使她不满的生活和体会。

沈从文并非如丁玲所言习惯安于现状，他也有一种对改变自己生活的热情，但他的这种努力和追求，是默默地不停歇地朝着一个自己确立的目标走去。譬如，为了走上文学殿堂，他孜孜不倦地写了一年又一年，最后终于获得成功。这就使得他把文学一直作为一种事业，一种独立的生活。而他的作品，虽然同样也有对社会的批判性勾画，但更多的是以自己独有的艺术家的视角，关注人的生命及其生存方式。

丁玲则始终怀着一颗躁动不安的灵魂，热情充溢全身，时刻等待着迸发的机会。她并不像沈从文或胡也频一直做着文学的梦，但她随着热情的释放，突然就名震文坛，在她那里，小说与其说是文学，不如说是她的感情、灵魂与社会的一种交叉，一种对生活的介入。所以，她的作品常常以对现实生活的及时反映，以愤激，以灵魂的躁动，在文坛产生轰动，引起人们的强烈共鸣。

不同的性情，不同的艺术天性，决定了他们各自的文学取向，同时也决定了他们对社会、对政治的不同态度。从而，他们的恩怨沧桑，最终也必然以无尽的遗憾而画上一个残缺的句号，留给人们久久的感叹。当透过故纸堆和众说纷纭的回忆看到这一点时，我真正感到了追寻历史人物的盎然意趣。

他们的恩怨已成过去，但他们的恩怨沧桑却是他们写出的另外一部作品，它和他们的所有作品一样，属于现实和未来。人们会像阅读他们的其他作品一样，时时翻开它，寻觅旧的痕迹，做出新的解释，获得不同领悟。

说不尽的沈从文，说不尽的丁玲，说不清的恩怨沧桑。生活，或每个人，就是在这种说不尽或说不清的感慨之中成为历史。

一九九〇年十二月

‹ 1992年 ›

平和，或者不安分

一

在一包旧信中，我居然找出来这样一封信。它是一九八四年为沈先生看病的一位医生写给我的。恐怕现在再也不可能找到一份如此详尽、如此朴实、如此热心的病历了。

全信如下：

李辉同志：

来信收到。因为工作忙，业余时间安排会议和讲课较多，所以我拖了好多天才去看望沈老。

见过沈老后，我才放下一颗心，并不是我想象中的那么差。沈老仍是鹤发童颜，乐观健谈。您文章中写道："半身不遂整整一年，左腿行走不便，右手至今浮肿。"我当时不好判断是偏瘫还是多肢瘫，也不好判断病变性质。我带了一套医疗检查器具，在沈老家做了神经系统的常规检查，仅见到较轻的左侧半身的运动功能障碍，没有发现明显的偏身感受障碍和偏盲，这是不幸中的万幸。左侧软腭力弱，稍微影响吞咽功能，左手无名指和小指功能差，左下肢力弱影响站立和行走。总的来看，是右侧大脑半球（皮层到放射冠中间）某一些动脉血管中的血栓阻碍了血液的流动，从而引起神经功能降低，而导致左侧肢体运动功能障碍。应该庆幸的是，此病变没有波及思维、语言、感觉系统，目前运动功能恢复也较理想。我当医生多年，个人认为沈老的恢复还算不错，有很多人年纪比沈老轻得多而恢复得很差。

我给沈老当参谋，将生活、服务等问题做了一些安排，尤其是对于功能锻炼提出参考意见。以后我将不定期地去探望沈老，尽力提些建议，希望给广大关心沈老情况的读者们提供好消息！

您还写过骆宾基同志的情况，他于四年前初得病时，曾住过我们神内病房。他当时比沈老年龄小，才六十多岁，治疗效果也好，当时在病房内已行走自如了。后来出院后，主要是功能锻炼不够，恢复较慢，另外还有别的因素您可能也知道，时间稍长了一点，但我已给他出了些主意，又好在他儿子是医务工作者，将来会更好一些的。

贵报拥有广大读者，我也爱看，尤其您写的一些作家近况文章，我是每篇必读，遇到力所能及的问题，我也想尽一点薄力。以后有用我之处请多联系，我一定尽力。

祝
好！

黄世昌
五月二十日

至今我也未能与黄世昌医生见面。而且，在与他通过这次信后，也没有继续联系过。在行医多年的时光中，类似的病人，他当然遇到过许多，为这样的病人撰写的病历大概也会不计其数。但我宁愿相信，在他的笔下，绝不会有别的病历，会像这封信这样，缜密的科学分析中，也包含着一个医生对陌生的作家的热爱。

一九八四年春天，我还在《北京晚报》工作，负责文艺方面的采访。新年伊始，在文体新闻版上，我新设了一个专栏《作家近况》，一周一次，陆续介绍一些居住在北京的作家的生活，文字与照片均由我负责。或许是因为我偏爱现代文学的缘故，专栏一开张，出现在读者面前的，几乎都是八十开外的老人。如冰心、宗白华、胡风、曹靖华、萧军、艾青、骆宾基、端木蕻良、萧乾等。现在回想，我大概是计划从年长到年轻慢慢写下去。后来，我因去编副刊，这个专栏也就没有继续了。

沈先生自然也在我所介绍的老作家之列。在只有数百字的文字里，我提到了他半身不遂已近一年的病情。就是这样一篇毫不起眼的小文，引起了这位医生的关注。他读过我的文章后，马上给我来信，提出要亲自去为沈先生治疗。在征得沈先生和师母的同意后，我将沈先生的地址写信告诉了他。他去过之后，便给我来了这样一封难得的信。

真没想到，此刻距那个时候，差不多快有八年时间了。（天啊！时间怎会如此之快！）八年，对于个人并不是一段短暂的时光。静心回溯这些跌落、跳跃如流水一般的日子，一切都大大不同于往日，说不出是多了些什么样的感慨。那位被这封信描述的老人，早已不复存在于我们中间。我不知道，在医生的记忆中，是否还有信中描述过的那个老人的影子。在后来的这些日子里他是否又写过同样详尽、同样朴实的病历，我也不知道。但是，对于我，这却是一封珍贵的信，会不时轻易地牵出我对沈先生并不久远的回忆。

二

最后一次见到沈先生，是在他逝世前的两个星期。那是一九八八年四月下旬，我在前往贵州参加一个笔会前，去看望他。

他依旧坐在他的藤椅上，同几年前相比，显得更加苍老。或许因为没有戴假牙的缘故，脸庞也更为消瘦。右手已经完全失去知觉，萎缩无力，搁在靠背上。左手也极少动弹，置放在左腿上。他说话虽然有些含混不清，但思路很清晰。和其他一些我所熟悉的老人一样，谈到往事时，他的记忆好得让人吃惊。有时说到高兴处，说着说着，他便抿嘴想笑，又笑不出来，得憋上好久，才呵呵地笑出声来。那神情，真是一个可爱的老人。

在交谈中，师母张兆和先生告诉我，沈先生差不多快有一年没有到外面走走了，更别说去公园转转了，她劝说过许多次，都不起作用。于是，我们一同做他的工作。最后，他同意在我从贵州回来之后，趁五月北京的春色正浓，带他到天坛公园看看。

他同我谈到我写的《萧乾传》，认为我对二十世纪三十年代京派文人沙龙的描写，是那种气氛。他还又一次谈到了他和巴金的交往，他和巴金关于作品中热情与平和的争论（他总是爱谈到巴金，每一次都少不了这个话题）。

当谈到《萧乾传》时，我的脑子里，突然冒出一个念头：劝说他和萧乾和好。

几年来，同沈先生和萧乾先生我都有较多的来往，很为这两位曾经有过二十多年深厚友谊的朋友，在晚年友谊破裂而遗憾。二十世纪三十年代，他们的师生之情和朋友之情多么令人羡慕！残缺，毕竟令人惋惜。我曾经分别询问过他们关于后来关系破裂的原因，他们各持己见。我历来觉得，文人间的恩怨，有时的确是难以判断是非的，每一个人都会有理由认定自己正确。我无意搅进任何一件文人纠纷之中，特别是我这样的年轻人，更没有资格来评说、化解像他们这样的老人之间的矛盾。可是，面对两位我所熟悉和尊敬的老人，我从内心多么希望他们能够在晚年抛弃前嫌，重归于好。真能如此，该是极好的事情。

我终于提出了这个问题。我对沈先生说，你们年纪都这么大了，何必还斤斤计较一些往事，何必都要任性呢？过去关系那么好，现在连见都不见，多么遗憾！

他没有吭声，但也没有不让我说下去。我接着说："你们也老了，和好不行吗？要是他来看你，你赶不赶他走？"我并没有同萧乾先生商量过，但我想他是会同意我这么说的。

他没有立即回答，稍稍思忖了片刻，说："他来看我，我赶他干什么？"

我当即与他商定，也是等我回北京后，陪萧乾先生来看他。现在回想起来，当时他那种表情和语调，真是可爱极了。

离开他家，我马上打电话告诉了萧乾先生。他并没有责怪我的多管闲事和自作主张，而是答应了我的建议。我为他们即将相见于春天而高兴。那该是多么有意思的瞬间！我想到应该把这个消息告诉他们共同的好朋友巴金先生，我知道他曾关心过他们的关系，也为他们闹矛盾而遗憾。在出差之前，我给巴老写了信。

在贵州的十多天旅行中，我心中挂念着我答应沈先生的两件事，盼望着早点儿实现我的承诺。然而，万万没有想到，就在我乘坐飞机返回北京的那一天，他永远地离我们远去了。

萧乾先生也为未能在沈先生去世之前与他见上一面而懊丧。他颇为遗憾地将自己的心情写信告诉巴金。巴老回信时说："得到三姐电报知道从文逝世很难过，他的死使我想起好多事情，可以说我的生活的一部分也给埋葬了。你在信中提起李辉帮忙消除你和从文间的误会，李辉也来信讲到这件事情。详情我不清楚，但总是好事，不知你到从文家去过没有。要是来不及了，那多遗憾！但即使是这样，也不要紧，从文已经知道，而且表了态，这说明你们已经和解了。"

张兆和先生在给我的信中，也对他们实际上已经和好而感到安慰。她说："你在从文逝世之前，确实如巴金所说，做了件好事，可惜从文去得太快，计划未能实现。不管怎样，这个结总算解开了。这个来自湘西的山里人倔得很，但一向宽厚待人，在离开这个世界之前，我相信，他谅解并且原谅了一切，他是带着微笑离开这个世界的。"

和沈先生的最后一面，已经过去差不多四年了，我所看到的他最后可爱的样子，永远定格于我的记忆里，而且伴随着莫大的遗憾。

三

我同沈先生接触不过几年时间，而且是在他的晚年。沈先生留在我的记忆里的，虽然也有人们通常所说的谦和的笑，以及柔和的声调，但是，我最清晰的倒是他的风趣、活泼，还有孩童一般的任性。

这也许是老人的共性,但在他的身上,对于我来说却那么富有情趣。

一次我去看他,知道他喜欢音乐,就特地带去意大利著名民歌演唱家布鲁诺·文图里尼在北京演出时的现场录音。

师母打开录音机。沈老靠着沙发,右手平放在靠背上,左手无力地搁在腿上。歌声响起。有些歌可能是初次听到,但是它们的旋律,都像《我的太阳》一样,那么美妙动听。他听得十分入神,一时间,他陶醉了。来自西西里岛具有浓厚民间气息的歌声,好像一束束阳光,活泼地跳跃在他的脸上。我注意到他的目光里,有一种喜悦,一种激动。

听完几首之后,他对我说,他很欣赏文图里尼那音域广、富于表现力的演唱。他还说:文图里尼的歌有淳朴的特点,民间气息很浓、很感人。他特别感慨地说中国的演员唱得没有这么有味,这么让人感动。

师母接过他的话对我说:他爱听肖邦、贝多芬的交响乐,更爱听家乡湘西的民歌和戏剧,特别是傩堂戏。

刚刚说到"傩堂"两个字,我发现,本来很平静的沈先生突然张开嘴巴,笑出了声,我们都停止了谈话,静静地看着他。他笑得很开心,眼泪不一会儿顺着眼角流了下来。

我很奇怪,两个在我看来极为普通的字,居然会在他的身上诱发出这么有趣的景象。当他稍稍平静一些后,我问他为什么会这样,他说:小时候,常常和小伙伴一起玩游戏,唱歌,后来就爱听民歌,爱看叫作"傩堂"的地方戏,喜欢那些很简单朴实但又很有味道的音调。现在年老之后,只要一听见小时候熟悉的音乐,或者只要有人提到它们,他马上就会想到家乡山水,家乡风俗,特别是想到当小孩子时候的天真情景。

看着面前的老人，想到适才发生的场面，我好像能从中感受到一点儿什么，是什么？当时乃至现在我仍然说不清楚。

沈先生最让人感到有趣的，要算半身不遂之后，逼着让他练习散步的事情。

在沈先生患病之后，我去他家的次数便多了起来。当时，他们还住在崇文门附近的一幢高楼里，离我的单位极近，去得频繁的时候，差不多一周会去上一两趟。去的目的之一，就是监督他逼着他练习散步。师母每次都会笑着责怪他太懒、太怕吃苦。

这是一间很小的客厅，我的记忆里，来回走上一圈绝不会超过十步。地上有一半铺着草编，另一半特地空出一米多长的水泥地，漆着红颜色，师母说是留给他散步的。这个时候的沈先生，行走已经十分不便，右手不时不自主地颤抖一阵儿，两只脚几乎是拖在地面挪动。每次从座位上站起来后，师母得慢慢捶一会儿他的左腿，这样沈老才能挂着拐杖在别人的搀扶下开始走动。尽管如此，按照医生的分析，他仍然有渐渐好转的可能，只要加强锻炼。因此，大家对沈老能逐渐好转都寄予了希望。

"每天让他走五个来回，这是指标。"当我第一次见到他练习时，师母对我说。

走完两个来回之后，沈先生问："够了吧？"听得出他是故意问的。

"没有，刚刚两次。他就爱偷懒。"

沈先生笑了。刚走完一个来回，他又说："这是第四次了吧？"似乎带点孩童般撒娇耍赖的劲头儿。

"别骗人，刚刚三次。""他每次都想哄人。"师母对我说。

在我们的监督下，他终于无可奈何又走完两圈。最后一个来回时，不等走到头，他便迫不及待地长吁一口气，大声喊上一句："唉，完了吧？"便径直朝座位上走去。

"你总爱偷工减料。"师母责怪他。他没有反驳，只是很有点儿调皮的样子看看她，然后，两位老人开怀地笑了。

我的印象中，这是一幕极为温馨、极为快乐的人生景象，虽然它没有多少深刻或者丰富的意味。两位经历过人生大起大落的老人，在这种时刻，在这样一间窄小却充满安宁平静的房间里，相顾开怀一笑，岂不胜过人世间许许多多无聊的热闹？

一个被人们常常视为淡泊、平和、寂寞的老人，任性而顽皮地一笑，便使得我眼中的他，又多了一种别样的色彩。

四

我早就想写一篇文章，甚至题目都想好了，叫作《不安分的沈从文》，但一直没有写出来。我怀疑自己的了解是肤浅的，像他这样一个人生有过那么多变故，性格又并非简单的文人，任何一种性质的单一概括，我想未必会描绘出他的整体。

这些年来，沈先生在许许多多的评论文章和回忆录中，被强调的是他的平和恬淡，与世无争，耐得寂寞。《边城》及许多描写家乡湘西生活的小说中的意境、格调，在人们的印象中，差不多同他本人的性格混为一体了。那是一个默默地承受命运的压力，没有刚劲，没有锋芒的平和文人。他的生活，似乎一直就是甘于寂寞地度过，不过问文学创作以外的一切，不计较世界和人际间的是是非非。

当我同他多接触几次后，当我把目光稍稍扫描他在二十世纪三四十年代的生活，我发现，那些我所熟悉的对他的描述，只是勾画出了他的生命的一个方面，并且是以近三十年的历程为依据的。而我所接触的沈老，我所追溯的那个活跃于历史之中的湘西人，原来在平和恬淡之外，也有另外的生活形态。他本不是一个那么安分的文人，在湘西跳跃的水面上，在他的性情中，都有一个自由飞翔的精灵。

我第一次见到沈先生时，他正在一个会议上慷慨陈词。记得那是一九八三年春天，我采访全国文联委员全会。在分组讨论时，我走进了沈先生所在的小组。我刚刚坐下，就见我对面的一位长者开始发言。他的样子很谦和，声音也极柔和。我打听一下，原来他就是我久仰的沈先生。

他没有谈及文学，他是以文物专家的身份参加这样的大会的。（对于他，曾经系以深情的文学，恐怕只是作为早已流逝的梦，保留在他的记忆中。）他谈到文物保护如何之重要，谈到许多领导人怎样忽视这个问题，他甚至批评，现在一些文物单位，仍然是外行在领导内行，使得工作开展不顺利。他没有用多么激烈的词语，声调也依然那么低，那么柔和，但是，他的声音背后所蕴含的批评精神，却是很容易让人感受出来的。

在他之后发言的是一位音乐界的长者，他极为慷慨激昂，声调比沈先生不知要高出几倍。他批评的对象是那时刚刚在中国流行的电子琴，他为草原上的乌兰牧骑也开始用上电子琴而痛心疾首。他认为这是资本主义文化对中国文艺的侵蚀。

一些年过去了，对电子琴的攻击，显然已成为一个笑柄留在我的记忆里，而沈先生留给我的第一个印象，却使我开始对他产生了新的认识。

后来,一次我到沈先生家里去,提到了他所谈的上述问题,这次他显得比会议上要激动。他对一些文物部门"外行领导内行"的现象极为不满,他甚至说:"什么也不懂,还要瞎指挥,能人就是上不去。会拉关系的就容易上去,连搞打砸抢的反倒能上去,专业好的却不行。"这时,他决然没有一点儿平和。当我对沈先生的创作生涯略作了解之后,我发现,这种不平和,或者说不安分,正是他的性格中重要的另一面。

在他活跃于文坛的那些日子里,他好像从未平和过。刚刚走进文坛时,他和丁玲、胡也频作为文学青年,有一种对业已占据文坛的某些文人的激愤,他们不安于在别人之下沉默。读二十世纪二十年代末他们创办《红黑》《人间》杂志的发刊词、广告时,那种青年人特有的火气、不平,可以使你想象出他们不安分的灵魂。在二十世纪三四十年代,沈先生几乎经常是文坛论争的诱发者。他似乎仍然保存着湘西人的倔劲儿,自由地随意地挥洒着他的思想,对所有他所不习惯的文坛现象发表议论,并不顾及其准确性和可能招致的结果。在他的眼中,没有尊贵之分,没有壁垒之分,他只是按照自己对文学的理解,即他的文学观来议论文坛。"京派与海派""反差不多运动"等一时轰动南北文坛的大争论,均是因他的文章而引起。他是一个热闹的中心。在文学之外,他对许多政治问题、社会问题,也时常随意地发表见解,不管其是否正确。汪曾祺先生曾同我谈过,沈先生的这种特点叫作"爱管闲事"。譬如,他对中国妇女运动的背景并不了解,但也参加讨论,大发议论。我想,不安分的沈先生,他是把它们看作自己的生命对世上万事万物做出的种种反应,他挥洒了它们，也就完成了生命的意义。

这显然不是一个平和的沈从文。在我看来，这种不安分，却是极为难得的"五四"传统。我很赞同陈思和在新近完成的《巴金传》中，对二十世纪三十年代包括沈从文在内的京派文人的评价。他认为：这些以清华、燕京大学为中心的几代由作家、理论家组成的文人，是在"五四"以来的自由主义传统中形成的。他们于朴实中见开放，对外来思潮也不保守，受到的压迫与政治干扰暂时还不大，正是"新文学"发展的理想时机。他重点谈的是他们的文学观，我想这种自由主义传统，是否也包含着这样一层含意：像沈从文这样的作家，作为一个个体，在构造自己的文学理想的同时，将一颗不安分的灵魂，同源自湘西山水的性格结为一体，该是同样的美妙。这种不安分，后来被以寂寞表现出来的一种平和所湮没了。人们更多地看到的，只是他并非出自本意的与文学的疏远，以及久久的沉默。

还是在那次文联大会上，我有了第一次同沈先生交谈的机会，还看到了令人难忘的场面。在人民大会堂的小礼堂里，好像是举行闭幕式。开会之前，我突然发现就在距我不远的前一排中央，坐着沈先生和朱光潜先生。我走了过去，同他们交谈起来。两位"京派文人"中的重要人物，在经历了种种人生体验之后，一起坐在这个极不寻常的地方。两位老人，一样瘦弱矮小，看上去又是同样温和、平静。沈先生拿出再版的《从文自传》送给朱先生，朱先生则将他刚出版的《谈美书简》送给沈先生。他们交谈得并不活跃，话语比较简短，但这却是我这些年见到的文人间最珍贵的一次会面。

难得的瞬间。两位多年被冷落、被淡忘、被误解的文人，他们的价值，终于在晚年重新被人们认识。他们不再寂寞。

五

一九八九年春天,黄永玉先生邀我同去湘西,使我有机会在沈先生家乡凤凰住了一个星期。春天的凤凰,不时下起蒙蒙细雨,在我的感觉里,它们给依然山清水秀的这座小城,笼上一层淡淡的诗意。那几天里,我时常独自一人,漫步在铺着青石板的小巷,或者伫立在幸未被毁掉的古城门前。我想象着童年的沈先生活泼、天真、调皮的身影,追寻着他当年在山与水之间曾经领悟的意味。

沈先生的亲戚,谈到他在一九八二年最后一次的故乡之行,会抖出一串有趣的故事。他们谈到,他在凤凰,提出要在早上去菜市场看看。人们提醒他年岁太大,怕人多挤坏了他。他却执意要去,并晃晃肩膀,说:"挤一挤那才有意思。"

他真的去了。在熙熙攘攘的人群中,他穿行在水灵灵、鲜亮亮的青菜之间。他愿意这个样子挤在故乡人中间。在拥挤碰撞之中,他一定是在重寻流逝已久的感觉,那些存在于天性中的朴实、天真、自由、轻松。以这种特别的方式,他在同故乡拥抱,同他的童年拥抱,也同他不安分的灵魂拥抱。

我走到他去过的那个大菜市场。我试图追寻什么?我不知道。我找到了一些什么样的感觉?我也说不清楚。如今留在我的印象中的,只有那些沾满雨珠的青菜。它们还是那么水灵,那么纯净,那么鲜亮。

一九九二年一月

沈从文与瑞典
——在瑞典斯德哥尔摩大学东亚系的演讲

❈

一

今天我想谈谈沈从文的创作，这个题目与瑞典是有关联的。因为在演讲中，首先我就会谈到瑞典读者对沈从文的喜爱，还会比较一下沈从文与瑞典人在人与自然关系方面的认识。自然，沈从文本身的人生道路，我想大家也是会有兴趣的。

非常感谢罗多弼教授给我这样一个演讲机会，在这里就中国文学的问题同大家交换意见。对大家的光临，我深感荣幸。我得特别感谢马悦然夫妇的光临，昨天下午在他的家中，我度过了非常愉快的时刻。

我之所以要特别提到马悦然先生，不仅因他是一位有影响的汉学家，曾是这个系的系主任，而且正是因为他对沈从文作品的翻译，才使得我在中国能够有机会第一次感受到瑞典人对沈从文的喜爱，更使我在未到这里之前，对这里的人民就有一种心灵沟通。

我第一次和瑞典人接触恰恰是在沈从文的家乡——他在作品中出色描写过的湘西。那是一九八九年的春天。一个夜晚，我在凤凰县城一个露天剧场看地方戏曲演出，我发现周围还有一些外国游客。他们就是来自瑞典哥德堡的旅游者。他们都读过马悦然先生翻译的《边城》，读过其他汉学家翻译的沈从文的另外一些关于湘西的散文，他们的导游就是其中的一位翻译者。他们到这里来旅游的项目，是在湘西"走沈从文走过的路"。他们去了《边城》中的那个渡口——茶峒，去了沈从文当年奔波过的保靖、王村、常德等地。

虽然长途跋涉和旅游条件比较艰苦，但二十来个哥德堡人仍然兴趣盎然。他们大多是上了年岁的人，却毫无倦意，对舞台上的演出颇为欣赏。他们是我第一次认识的瑞典人，从他们身上我第一次直接感受到沈从文作品的世界性魅力。

我几天前刚刚从中国来到这里，罗多弼先生从机场接我到他家的途中，停车走进纳卡地区的一个商业中心购买食物。中心里有一个图书馆，我信步走过去，在靠近门口的一个书架上，我没有想到，居然第一眼就看到了马悦然先生的译本《边城》。这也许就是一种缘分吧。我问一位管理员，有人借这书看吗？她说放在这个架子上的书都是出借率较高的书。对于初到瑞典的我，这是一个很有意思的细节。作为一个也十分喜爱沈从文作品的中国人，我感到了一种快乐。

二

沈从文的名字对于大家想必不会陌生，他的作品已经在许多国家翻译出版，以他为题目进行研究工作的汉学家也为数不少。我认识的第一个汉学家、美国华盛顿大学的金介甫先生的博士论文就是一本关于沈从文的评传，这本书已经在中国翻译出版，并受到欢迎，目前已经再版,发行量达到一万多册。

在中国现代文学中,沈从文的创作有着特殊的贡献。他从偏僻的湘西来到北京、上海等大都市,他由一个没有受过系统教育的流浪士兵,成为一个富有成就的作家,这个过程所包含的意义,本身就构成了一部人生戏剧。他的生存环境,他的特殊经历,加上他所具有的艺术家气质的个性,使他带着独特的眼光看待世界、看待文学,从而在中国文坛上形成了他自己的特点。他作品的风格是多样的,所反映的生活内容和人物,也是多样的,但在人们看来,最为成功的也最有影响的是他关于湘西的文学作品。目前,翻译介绍到瑞典的正是这类作品。

沈从文的这类作品,集中表现出他的人生理想,从那些自然与人交融在一起的生活场景,我们可以看到他所欣赏、所追求的理想境界,是人与自然的和谐,是在大自然中力求保持人的平和、淳朴、自然的天性。不是没有人生冲突,不是没有社会谴责,只不过在他的笔下,更突出生活在湘西这一特殊区域的人所具备的可爱性格。应该说沈从文具有非常出色的艺术敏感性,在本质上我看他更属于理想主义者。用中国古代哲学思想来说,他追求的正是"天人合一"的理想。在他看来,他与自然不是对立的,也不是隔离的,而是相亲相近、互为一体的。他把人与自然相和谐的这一理想,完美地表现在他的湘西文学中。他写人物,也描写风景,但不是作为技巧的安排,而是两者互为依存,我们看到的是人的风景,风景的人。当我们回味他的作品时,整个艺术化了的湘西,就作为一个人与自然并存的完整世界展现在我们面前。

沈从文承认他的所有艺术才华和艺术感觉,全来自山山水水,从大自然那里他可以体会生命的丰富与伟大，找到一种爱与美的情感，这就像寻找一种伟大的宗教一样。当然，应该说明一下，沈从文不信教，不是基督教徒，也不是佛教徒。

下面他所写的几段文字，从不同侧面反映出他对自然与人和谐关系的特殊认识，也可以说明他的艺术特点。

给夫人张兆和的信：

> 自然使一切皆生存于美丽里……

《从文自传》：

> 我感情流动而不凝固，一派清波给予我的影响实在不小。我幼小时较美丽的生活，大部分都同水不能分离。我的学校可以说是在水边的。我认识美，学会思索，水对我有极大的关系。

同上：

> 我就是个不想明白道理却永远为现象所倾心的人。我看一切，却并不把那个社会价值搀加进去，估定我的爱憎。我不愿问价钱上的多少来为百物作一个好坏批评，却愿意考察它在我官觉上使我愉快不愉快的分量。我永远不厌倦的是"看"一切，宇宙万汇在动作中，在静止中，我皆能抓定她的最美丽与最调和的风度，但我的爱好却不能同一般目的相合。我不明白一切同人类生活相联结时的美恶，另外一句话说来，就是我不大能领会伦理的美。接近人生时我永远是个艺术家的感情，却绝不是所谓道德君子的感情。

《幽僻的陈庄》题记：

> 用各种官能向自然捕捉各种声音、颜色同气味，向社

会中注意各种人事。脱去一切陈腐的拘束，学会把一支笔运用自然，在执笔时且如何训练一个人的耳朵、鼻子、眼睛，在现实里以至于在回忆同想象里驰骋，把各样官能同时并用，来产生一个"作品"。

《断虹》引言：

因此我这个故事给人的印象，也将不免近于一种风景画集成。人虽在这个背景中凸出，但终无法从与自然分离。有些篇章中，且把人缩小到极不重要的一点上，听其全部消失于自然中。我将用这个小小作品，作为一家人寓居云南乡间八年，所得于阳光空气和水泉的答谢。

《水云——我怎么创造故事，故事怎么创造我》：

我一面让和暖的阳光烘炙肩背手足，取得生命所需要的热和力，一面却用面前这片大海教育我，淘深我的生命。时间长，次数多，天与树与海的形色气味，便静静地溶解到了我绝对单独的灵魂里。我虽寂寞却并不悲伤。因为从默会遐想中，感觉到生命智慧和力量。心脏跳跃节奏中，即俨然有形式完美韵律清新的诗歌，和调子柔软而充满青春纪念的音乐。

……

对于一切自然景物，到我单独默会它们本身的存在和宇宙微妙关系时，也无一不感觉到生命的庄严。一种由生物的美与爱有所启示，在沉静中生长的宗教情绪，无可归纳，我因之一部分生命，竟完全消失在对于一切自然的皈依中。这种简单的情感，很可能是一切生物在生命和谐时所同具的，且必然是比较高级生物所不能少的。然而人若保有这种感情时，却产生了伟大的宗教，或一切形式精美而情感深致的艺术品。对于我呢，我什么也不写，亦不说。我的一切官能似乎在一种崭新教育中，经验了些极纤细微妙的感觉。

沈从文的这些思想，我想对于瑞典人应该是比较容易理解的。而且我相信，正是因为沈从文具有这样一种带有人类共性的感情和思想，瑞典的译者和读者，才会对他产生兴趣。

从一些关于瑞典生活和文学的介绍中，我了解到瑞典人对大自然有着深厚的爱，喜欢土地，喜欢到山和水的怀抱里敞开情怀。特别是瑞典人崇尚平和安静，其性格也保持着淳朴。我想，这些特点，对于读过沈从文作品的人来说，是不会感到陌生的。

来瑞典之前，我读过一本书，从那里面我对瑞典作家对自然的感受有了进一步了解。这本书就是一九五一年获诺贝尔文学奖的帕尔·拉格克维斯特所写的诗集《黄昏土地》。这是一本英译本，译者则是美籍英国诗人奥登。我对诗中所表现出的宗教情感，缺乏理解，但诗人徘徊于大自然万物之间的思索和感悟，多少能使我感到一些深沉和忧郁。大诗人笔下，星辰、森林、河水，一切一切，都是精美的意象，与他的生命紧紧交融在一起。诗人面对的不是单纯的个人，而是整个宇宙，整个人类的情感，奥登的翻译是出色的，大概只有他这具备宗教情感的杰出诗人，才能完美地再现拉格克维斯特的诗意。

从这本译本的序言中我得知，在瑞典文学中，"自然"一直是诗人们所热衷的主题。从瑞典文学开始成熟的十七世纪至今，围绕自然与人而展开的探索,是极为重要的文学内容。可惜由于语言的障碍,我无法对这方面做最基本的了解。不过在同一序言中,还有奥登翻译的另外五位瑞典诗人的五首诗,其中伦德克维斯特的《树木之爱》把自然与人类生命作为一个相交融的整体来描述。

在诗人看来,"树木即是时间","树木比人包含着更浓缩的时间"。他所说的"美丽只能来自树木,生命的延续只能来自树木",可以同沈从文所说的话相比较:"自然使一切皆生存于美丽里","我因之一部分生命,竟完全消失在对于一切自然的皈依中"。

《树木之爱》最后四句写道:

> 最终我将融进树木,
> 在嘴中在喉间感觉树木,
> 感觉到树木把我拥抱
> 那么执着,安稳,直到永远。

这种感觉,这种思想,属于瑞典诗人,也属于沈从文。

三

最后我想谈沈从文为什么在中国有很长一段时间受到冷落。

从二十世纪五十年代到八十年代,差不多三十年时间里,沈从文一直没有进行文学创作,对他的文学成就,评论界也一直避而不谈,在文学史中更没有他的名字。这是极不正常的现象。当然,这不仅仅局限于他一个人,而是这一时代带有的普遍性问题。同他一样,在"五四"新文学中产生重要影响的作家,如徐志摩、梁实秋、胡适、林语堂、周作人等这些与沈从文关系密切的人,都差不多被人遗忘了。发生这样的事情,有着复杂的历史、政治等诸多方面的原因,今天不可能详细分析。

沈从文受到冷落的原因很多。譬如从当时受肯定的文学潮流来说，当代中国提倡文学从无产阶级立场出发反映工农兵，应该大力塑造革命英雄人物形象，语言也强调大众化通俗化，沈从文的文学追求与之完全不同，他的作品和许多相同类型的"五四"时代的作品，自然而然受到新时代的冷落。一个时代有一个时代的文学，这话看来有些道理。

但是具体到沈从文本人，他受到冷落也有不同于别人的原因。这就是从二十世纪三十年代起，他一直与左翼文艺界存在矛盾，他的作品、文学观、社会观，早在一九四九年以前就时常受到左翼文艺界的批评，而他也从未放弃自己的观点，对左翼文艺界也有过种种批评。当时新时代开始后，作为胡适、徐志摩扶植起来的沈从文，受到冷落显然顺理成章。

在二十世纪三十年代，左翼文艺界组织作家参加社会政治活动，主张作品应该有政治宣传功能时，沈从文却根据自己对文学的理想，强调作家应该与政治保持一定距离。

一九四三年在给中国另一个现代派作家施蛰存的信中，他说："中国似乎还需要一群能埋头写小说的人，目前同政治离得稍远一点，有主张把主张放在作品里，不放在作品以外的东西上，这种作品所主张的所解释的，一定比杂论影响来得大来得远。"

除此之外，沈从文还十分强调描写人性，而人性却是左翼文艺界猛烈批评的对象。一九三六年，他在《从文小说习作选》代序中写道：我要表现的本是一种"人生的形式"，一种"优美，健康，自然而又不悖乎人性的人生形式"。他说："我只想造希腊小店。

选山地作基础，用坚硬石头堆砌它。精致，结实，匀称，形体虽小而不纤巧，是我理想的建筑。这神庙供奉的是'人性'。"

从这一思想出发而创作的作品，显然要受到左翼作家批评。一九三一年三月，当时还属于左翼文艺界的批评家韩侍桁，发表《一个空虚的作者——评沈从文先生及其作品》，对沈从文的作品进行严厉而无情的批评。他说："但是，一个在思想上、在生活上有着较深根底的，对于文艺的要求是超过了一切的趣味——更不用说低级的趣味——而具有真实的鉴赏和判断的眼和心的人，看了他的作品，不仅厌恶他作品中的人物而甚至对于那作者的本身发生反感，唾弃这位作者的创作的态度。……因为他所写的材料无论描写得多么细致，对于社会的进展与对于个人在社会上的责任的认识，是毫无启示的；并且就是从美的观点看，它们也不能发展出美的外形或给读者以美的感觉。"

即使到了一九七九年，沈从文开始重新受到重视，对他的评价仍然很低。这时出版的田仲济的《中国现代文学史》中说："总的看来，沈从文的作品反映的生活面很广阔但不深厚，思想意境不高。他创作的数量极多，唯其多，则不免给人空虚浮泛感。"

总的来说，左翼文艺界对沈从文的批判，多年来或重或轻一直没有停止过。以前的论争大多局限于文艺观点的分歧，但一九四六年后，随着国共两党内战的爆发，因为沈从文发表一些被共产党人视为错误、反动的文章，对他的批判自然而然就变得愈加激烈。

沈从文并不像通常所讲，仅仅是一个性格淡泊、甘于寂寞、成日埋头于文学作品创作的人。他也有一颗不安分的灵魂，在文学之外，他时常也沉溺于对芸芸众生、大千世界的思考。这种思考，总是深深地带有他特殊的对抽象人生的忧虑,并且由于个人色彩太深以致不合时宜。

他甚至太固执而又单纯,太看重他作为一个作家,一个来自湘西的"乡下人"的身份,他谈论政治,但又未必深刻了解中国的政治,从人性角度谈论政治和社会,更容易引起误解而招致反驳。或者,他有些像堂吉诃德,常常轻率地发表一些反映他的艺术家的天性但又不可避免招惹麻烦的意见,向许多"风车"挑战。二十世纪三十年代因他而发生的关于"京派海派"的争论,抗战时期"与抗战无关"的争论……左翼文艺界与他积怨甚深,虽然只局限于文艺方面。

一九四六年之后,情况发生了重要变化。

沈从文在一九四六年冬,先后发表《〈文学周刊〉编者言》《从现实学习》等文章,马上引起了左翼文艺界对他的严厉批评。

在这些文章中,沈从文一方面继续坚持他的文艺观,强调作家就应该埋头于创作,用实绩来显示文学的伟大;另一方面,他对正在中国大地上进行的战争大发议论,他想超越政党,作为一个个体对战争发表意见。崇尚人性的他,认为内战是"数十万同胞在国内各处的自相残杀",对生命的消逝,他感到悲哀和忧虑。于是,作为一个文人,一个崇尚"知识和理性"的"乡下人",他对战争双方都予以贬斥:

> 国家既落在被一群富有童心的伟大玩火情形中,大烧小烧都在人意料中。历史上玩火者的结果,虽常常是烧死他人时也同时焚毁了自己,可是目前,凡有武力武器的恐都不会那么用古鉴今。但是烧到后来,很可能什么都会变成一堆灰。……

因为在目前局势中，在政治高于一切的情况中，凡用武力推销主义寄食于上层统治的人物，都说是为人民，事实上在朝在野却都毫无对人民的爱和同情。在企图化干戈为玉帛调停声中，凡为此而奔走的各党各派，也都说是代表群众，仔细分析，却除了知道他们目前在奔走，将来可能作部长、国府委员，有几个人在近三十年，真正为群众做了些什么事？当在人民印象中。又曾经用他的工作，在社会上有以自见？在习惯上，在事实上，真正丰富了人民的情感，提高了人民的觉醒，就还是国内几个有思想，有热情，有成就的作家。

　　沈从文的本意虽然是强调不能迷信武力能够治国平天下，但在复杂的历史现状中，他的书生之见，无疑会被视为"历史的反动"。他显然捅了一个马蜂窝！

　　沈从文的文章一九四六年十一月在《大公报》发表，第二年二月，左翼作家林默涵在《新华日报》上以杂文《"清高"和"寂寞"》予以批判。更集中激烈的批判，在一九四八年三月香港出版的《大众文艺丛刊》上展开。这是中国共产党领导的对当时国统区出现的"第三条道路"的政治思潮批判的一个组成部分。

　　在批判沈从文的文章中，最著名的便是郭沫若的杂文《斥反动文艺》。这篇文章集中批判沈从文、朱光潜、萧乾三个"代表人物"。郭沫若在文章中对朱光潜、沈从文、萧乾做了犀利的批评，他用蓝、红、黄、白、黑几种色彩来勾画他们的政治面貌。其中，"红"专指沈从文。郭沫若写道：

　　　　什么是红？我在这儿只想说桃红色的红。作文字上的裸体画，甚至写文字上的春宫，如沈从文的《摘星录》、《看云录》，及某些"作家"自鸣得意的新式《金瓶梅》，尽管他们有着怎样的借口，说屈原的《离骚》咏美人香草，所罗门的《雅歌》也作女体的颂扬，但他们存心不良，意在蛊惑读者，软化人们的斗争情绪，是毫无疑问的。特别是沈从文，他一直是有意识的作为反对派而活动着。在抗战初期全民族对日寇争生死存亡的时候，他高唱着"与抗战无关"论；在抗战后期作家们加强团结、争取民主的时候，他又喊出"反对作家从政"。今天人民正"用革命战争反对反革命战争"，也正是凤凰毁灭自己从火里再生的时候，他又装起一个悲天悯人的面孔，谥之为"民族自杀悲剧"，把全中国的爱国青年学生斥之为"比醉人酒徒还难招架的冲撞大群中小猴儿心性的十万道童"，而企图在"报纸副刊"上进行其和革命"游离"的新第三方面，所谓"第四组织"。（"这些话见所作《一种希望》，登在去年十月二十一日的《益世报》。）这位"看云摘星"的风流小生，你看他的抱负多大，他不是存心要做一个摩登文素臣吗？

郭沫若把沈从文等划归到反人民势力的御用文人行列：

> 今天是人民革命势力与反人民革命势力作短兵相接的时候。反人民的势力既动员了一切的御用文艺来全面"戡乱"，人民的势力当然有权利来斥责一切的御用文艺为反动。但我们并不想不分轻重，不论主从，而给以全面的打击。我们今天的主要的对象是蓝色的，黑色的，桃红色的这一批"作家"。他们的文艺政策（伪装白色，利用黄色等包

含在内）、文艺理论、文艺作品，我们是要毫不容情地举行大反攻的。

批判是无情的，言辞也格外激烈。这次对沈从文的批判，就决定了他在一九四九年必然会受到冷落。一九四九年春天，在日渐严重的精神恍惚状态下，一天，他甚至选择了自杀，用小刀割破手臂上的血管。

沈从文被救活之后，仿佛经历了灵魂的洗涤，获得了对人生的重新认识。他不得不熄灭了对文学的热情，转而研究古文物，在历史博物馆故宫的高墙大院里与沉寂的生命相伴，为发掘祖国文化遗产继续工作，后来他编著出版《中国古代服饰研究》，该书被认为具有很高的学术价值。

在二十世纪六十年代爆发的"文化大革命"中，同当时许多知识分子一样——包括一些曾经批评过他的左翼作家——沈从文被迫放下古代服饰研究工作，在农村的干校劳动。随后回到北京，在极其艰难的生活条件和工作条件下，继续他的文物研究工作。

从二十世纪八十年代起，沈从文受冷落的不正常现象终于开始改变。虽然每当文化界发生波折时，他仍然会受到一些人的抨击或影射，但总体来说，他受冷落的现象已成为过去，出版社争相出版他的作品，有些成为畅销书，拥有大量读者。他的十二卷文集已经多次出版，全集也在计划出版中。他的文学风格，受到一些年轻作家的注意，并受到影响。他的创作成就，他在中国"五四"新文学中的地位，也开始得到比较公正的评价。

经过一番历史风云之后，人们终于认识到了沈从文的价值。许多中国人为拥有他这样一个具有世界性影响的作家而高兴，而自豪。

我的演讲到此结束,谢谢大家。

补记:

在做完这次演讲之后,我在哥德堡参加一次宴会,有几位在座的瑞典人正好到过凤凰。其中一位退休的中学校长,还特地带来他在湘西拍摄的照片。照片上有他在沈从文故居前的留影,有种种风土人情的记录。顿时我感到一种亲切。于是,在远离中国的地方,我们共同的话题是凤凰,是沈从文的《边城》,还有那些青石板小巷,那些吊脚楼的清澈的溪水。

一九九二年四月

1996年

《从文家书》

沈从文喜欢写信,常常下笔千言,宛如文学创作一般,在书信中表现出他的才华。在为上海远东出版社开始策划第二套"火凤凰文库"时,我想,如果能够编选一本沈从文的书信选,那一定会是一本非常精彩的书。现在,经沈从文家人的精心编选,《从文家书》终于得以出版。

读沈从文和张兆和两人长达几十年的通信,的确是一种享受。从二十世纪三十年代初开始恋爱的那些记录开始,我们仿佛走进一道情感风景长廊,他们多彩的笔,带我们领略他们的人生风景。从热恋,到战乱;从《边城》等一部部杰作的酝酿创作,到时代转折关口的彷徨与苦闷;从参加"土改",到对重返文学的一度期盼,沈从文留给人们弥足珍贵的文字。它们是一己情感的真实记录,却又分明是历史的折射,是沈从文全部才情的凝聚。

沈从文的笔是多彩的,他的创作心境也是多样的。和许多作家不同,他能如同一位迷恋景致的游人,在文体的千姿百态的山水之间徜徉。他不愿把自己的艺术触角,囿于狭小的范围,而是乐于尝试,乐于探险,在适合自己才情的广阔天地里漫游。他的这些家书同样如此。他用自己的方式倾吐心迹,也用自己独有的语言向妻子描述所见、所想、所感。无论滔滔不绝的一泻千里，抑或精粹的议论，甚至在精神呈分裂状态时随手写下来的片言只语，都与他人大大不同。它们给予我们多样的感受，轻松的、愉悦的、沉重的、困惑的。在产生这样一些感受时，我们也就更为深切地了解了他、理解了他，并会为二十世纪中国文坛拥有这样一个最具才情的作家而满足，而自豪。

　　人们通常把沈从文归为平和淡然。其实，在给妻子的家书中，沈从文表现出他同样是一个热情如火的人，几十年里，他从未淡化过这种情感。他一次次用他多彩的笔，详尽地倾吐自己的思念，为妻子描绘他所见到的景色，发表富有生命哲理的议论。对于他，生命始终与妻子同在，无论发生过什么样的不快或者误会，这种执着几乎从未改变。正因如此，历来不太情愿过多谈论个人情感的张兆和，这次在为《从文家书》撰写后记时，却以朴实感人的精粹文字，非常真实地表露出她重新阅读这些家书的感受。她甚至为自己在沈从文生前未能更充分理解他而感到内疚。

　　沈从文对大自然有着特殊的感觉。人们说沈从文是一个独特的艺术家，就在于他的艺术感觉总是那么新鲜，他从大自然那里可以体会到生命的丰富和伟大，找到一种爱与美的情感。用他的话来说，这就像寻找到一种伟大的宗教一样。在给张兆和的信中，对风景的描述占据了重要位置。我特别看重他在二十世纪五六十年代写的那些信。已经告别了文学创作的沈从文，他的全部语言才能、全部艺术感觉，可以说只是在诸如此类的一些书信中才得到了充分表现。书信对于他，当然不再仅仅是互报平安的功能，而是他的另外一个创作天地。他描写风景，他议论音乐与美术，他把大自然与自己心中的艺术紧紧地交融在一起,从而使他的家书达到了一个很高的艺术境界。

张兆和不止一次对我说,她急切地盼望着《从文家书》的出版,她说这是她最喜欢的一本书。当我第一次一口气读完书稿时,我理解了她的这种心情。

一九九六年

纪实,还是编造?
——关于《沈从文与丁玲的情缘》

— ✸ —

一

最近,从两家晚报上看到转载自《名人专访》杂志的一篇长文《沈从文与丁玲的情缘》(以下简称《情缘》,作者:许进)。我没有看到《名人专访》杂志,只读到所转载的内容。但仅仅如此,根据我对有关史实的了解,便可以断定,这是一篇错误百出、令人啼笑皆非的奇文,是作者极不严肃、极不负责任的编造。

沈从文与丁玲半个多世纪的恩恩怨怨,从一个侧面反映出不同性格和志趣的文人在时代大背景下的不同命运。对此,有了解与研究的必要。但是,应有的态度是,必须严格从史料出发,来不得半点臆想和编造。如今,在当事人都已故去的情形下,更应谨慎地根据可以证实的史料和他们本人的回忆来考证和辨析,不可疏忽和随意。

可是,《情缘》一文的作者,不知出于什么目的,却随心所欲地采取真真假假、胡乱剪接、肆意捏造、无中生有地渲染等手法,按照自己的情调和趣味,将沈从文与丁玲所存在的历史恩怨做了一番"精心打扮",写出了一篇颇能吸引人的"桃色故事"。

下面仅就一些重要史实做一些辨析，读者就可以明白我这样说并非小题大做。应该特别说明的是，为了方便读者理解和辨别，我不得不时常引录《情缘》中的一些文字，想必这一做法不至于引起所谓的版权纠纷。

二

《情缘》的作者很精明，深谙读者心理，知道仅仅根据业已发掘的史料来讲述《情缘》这样的故事，远不如让当事人自己来叙说更能让人信服，更显得真实。于是，他通篇一再强调是沈从文在接受他的采访时自己主动讲述自己和丁玲的关系的。

《情缘》一开头写道，他在一九八二年中秋节"一个天高气爽、云淡风轻的日子"，和几个记者到达凤凰城，得知沈从文偕夫人张兆和回到了家乡，便前去采访："沈老的老家，在城内一座小山坡上，一栋湘西传统式的木房子，数棵红枫绿柳将整个房屋掩得严严实实。木房小巧玲珑，整齐清洁。我们的访谈是在禾场上进行的。沈老见是老乡到来，格外高兴，我们为了不打扰这位八十四岁高龄的老作家，只拣几个主要问题进行采访，不过沈老自己最感兴趣的是他与丁玲的深情交往问题，他还告诉我们这可是一段埋没了半个多世纪的往事啊！"

仅仅开头第一段，就有四个明显错误。

第一，沈从文夫妇是在一九八二年五月回到阔别多年的家乡凤凰，同行的有他的表侄黄永玉及黄苗子。而作者所说的中秋节这天已是十月一日，沈从文正在日本访问，他怎么可能有分身术一般出现在凤凰接受作者的采访呢？唯一可以解释的是，作者把日子记错了。但湘西的春天和秋天气候区别很大，春雨绵绵的日子，又从何而来"天高气爽、云淡风轻"呢？

第二，沈从文夫妇此次回家乡，故居正由当地政府修缮，他们住在黄永玉的弟弟黄永全家，因此，作者所描述的那个房屋并非沈从文的"老家"。一九八九年我陪同黄永玉到凤凰时，黄永玉便住在那里。重要的是，黄永全的家因为是建在山坡上，门前只有三四米宽的空地，刚刚够摆放一个茶几，围坐几个人，哪里来什么"禾场"？

第三，沈从文一九〇二年出生，一九八二年是八十岁，而非《情缘》所说的八十四岁。这当然并非了不起的错误，但同样表明作者的不严谨不认真，连查作家词典的工作都没有做。

第四，作者说沈从文自己主动提出要讲他和丁玲的"深情交往问题"，这就更加离谱而不可信了。

熟悉文坛情况的人知道，一九八〇年后沈从文与丁玲的矛盾已经激化。一九八〇年丁玲公开发表文章，不点名地严厉批评沈从文当年的政治态度和《记丁玲》一书，曾说过这样的话：类似的胡言乱语，连篇累牍，不仅暴露了作者对革命的无知、无情，而且显示了作者十分自得于自己对革命者的歪曲和嘲弄。对此，沈从文耿耿于怀，无法接受。他在一九八〇年给徐迟的信中非常气愤地表示了对丁玲的不满：诗刊三月份上中国"最伟大女作家"骂我的文章，不仅出人意外，也为我料想不到。真像过去鲁迅所说"冷不防从背后杀来一刀"，狠得可怕！乍一看来，用心极深，措辞极险。一九八二年一月，在给周健强的信中，他仍然表示出对此事的强烈不满。可见两人的矛盾已经无法缓解，在这种情况下，纵然过去两人有过所谓的"情缘"，沈从文又怎么可能主动向一个素不相识的人大讲特讲呢？

几天前，张兆和在回答我的提问时明确表示，沈从文或者她本人，从来没有接受过《情缘》作者这样的采访，更没有对人讲述过《情缘》所描述过的那样一些故事。

同样，根据这一具体情况分析，《情缘》的作者在文章最后拿出丁玲作为自己文章的佐证，也完全是一种编造，是为了增加自己描述的权威性而做的"手脚"，而且他写道："半年以后，丁玲要我为武陵源导游，在闲谈中她也道出了这段往事，印证了与沈从文所回忆的事实完全相符。记得丁玲当时讲完之后，脸上还带有一种幸福和甜蜜的微笑。"与沈从文关系已经恶化的时候，丁玲又焉能如此呢？

近日，我就《情缘》一文这里所说的事情征询了丁玲的丈夫陈明。他说，他和丁玲一九八二年到湖南，是湖南出版局和湖南人民出版社邀请的，同行的还有周良沛等人，陪同旅行的还有少儿出版社的一位女编辑，根本没有所谓点名要《情缘》的作者当导游的事情，更不可能有此种交谈。

从时间上也可以证明这一点。按照作者所说，中秋节访问沈从文，半年之后见到丁玲，那就应该是在一九八三年的三月前后，但是丁玲到湖南访问的时间则是一九八二年十月十四日至十一月十二日。

那么，可以推断的是，作者很可能没有采访过沈从文和丁玲。同时，即便作者有可能在某种场合见到过沈从文和丁玲，但绝无可能有过关于"情缘"的交谈，无论沈从文或者丁玲，都不可能。有了这样一个重要的澄清，就可以确定，作者所有天花乱坠式的描述，就只能是建立在子虚乌有基础上的编造。

作者本想借沈从文接受过自己采访这一点来加强文章的分量，却没有想到，他的走笔失误和对事实的无知，使他一开始就露出了马脚。

三

《情缘》的作者以为有了"访谈"这样一个形式的包装，就可以随心所欲地编造了。

从《情缘》整个行文和所描述的内容看，作者所依据的史料来源，是沈从文的《记丁玲》。

《记丁玲》是沈从文一九三三年创作的。当时，丁玲被国民党当局绑架而失踪，甚至有传言说她已经遇难。在这种情况下，沈从文怀着对当局无比愤怒的情绪和真挚的友情，写下了这部《记丁玲》（最初在《国闻周报》上连载时题为《记丁玲女士》）。沈从文用生动的语言，勾画了他所了解的丁玲的形象，记录了将近十年间，他们的交往和友谊。其中，包括他和胡也频、丁玲认识的过程，他们三人志同道合从事文学创作、编辑刊物的友谊，以及因为三个人曾经一起居住而招致文坛沸沸扬扬的传言，等等。应该说，这是一部富有独创性的传记作品，其中也有一些文学渲染和描写，但所叙述的基本史实是可信的，是真实的。和在这之前沈从文创作的《记胡也频》一起，是目前我们了解沈从文与丁玲的关系的最为重要的史料。

但是，《情缘》的作者要么是没有读懂原文，要么是故意张冠李戴，他在转述《记丁玲》中的内容时，不断出现错误。同时，由于他事先安排了沈从文主动讲述的假象，之后也就放心大胆地往里面塞自己的"私货"。(作者对沈从文作品的肤浅理解和误读,还表现在一些细节上。譬如他将沈、丁结识的同时代作家凌叔华错为袁叔华,于庚虞错为丁庚虞,徐霞村错为徐霞林。当然,这里是否有手写之误,就不得而知了。)

先看看作者所大力渲染的沈从文和丁玲、胡也频在北京的第一次见面。

一九二五年春天,胡也频带着丁玲到沈从文所住的公寓"窄而霉斋"拜访,这是丁玲第一次与沈从文见面。当时胡也频刚爱上丁玲。几个月后,沈从文经人介绍,到香山图书馆工作,已经同居的胡也频和丁玲从湖南回来后也搬到了香山。他们得知沈从文也在香山,拜访不遇,便留下纸条约他到他们的新家去。沈从文在《记胡也频》和《记丁玲》中,生动记述了丁玲给他的最初印象,写到了因为同是老乡而有了共同话题,同时也写了他眼中胡也频和丁玲的浪漫和快乐。

在《记胡也频》中,沈从文在叙述香山的第二次见面之后,明明白白写了这么一句话:"这是我第二次见到他们的情形。"

可是,《情缘》的作者对这句话居然视而不见,硬把两次见面混为一谈。他这样做的目的其实非常明确,就是要充分表现他所谓的沈从文对丁玲的"一见钟情"和对胡也频的"嫉妒之情"。请看看他的两段描述:

> 共同的"怀乡病"使二人无话不谈,他们的友谊从一见面就弄得亲密无间了。沈从文常常想起母亲和远方的弟弟,加上正值青春期,对早年夭亡表妹的思念,潜意识正发生着替代性的对异性的爱的特别渴求。沈从文痴痴地望

着丁玲发呆。

　　谁知当丁玲将他引入房中，发现还有一个男人。房中放了一张双人床和一些用具，布置虽简陋，但从一些痕迹看去，像是刚过新婚的洞房，他心中早已明白三分，相见恨晚，不觉有一种怅然若失之感，顿生一股无名的醋意嫉妒之火。这个男人就是胡也频。沈从文暗暗羡慕胡也频艳福不浅，尽走"桃花运"。三人都谈得十分投机，一见面就像是多年的老朋友。沈从文表面上兴高采烈的样子，内心却有无尽的痛苦和妒意。

　　这些"生动"描述在沈从文的笔下从没有出现过，即便他对人回忆恐怕也不至于如此评说自己吧？显然，它们完全是《情缘》的作者在按照自己的兴趣和想象，发挥着他的"文学才能"。他不顾沈从文和胡也频有着深厚友谊这一事实，将沈从文描写成了一个充满情欲、心胸狭窄的小人。

　　作者这样的分析和描写，到底有什么依据？

四

　　在这样一种基调下，作者反复描述所谓的沈从文与丁玲未能成功的"爱情"，描写各自对此的遗憾。关于沈从文、胡也频、丁玲的传言，当年就有过，但还从来没有《情缘》作者的这种随心所欲。

　　对于人们所传言的所谓浪漫故事，沈从文和丁玲在不同的场合，都异口同声否认过。早在一九三一年，沈从文在《记胡也频》中就写道："那时还有一些属于我的很古怪的话语，我心想，这倒是很奇异的事情，半年来上海一切都似乎没有什么改变，关于谣言倒进步了许多了。"

一九八〇年,沈从文访问美国时,学者夏志清问他和丁玲是否有过"罗曼史",他回答说:"没有,只是朋友。"

一九八四年沈从文对研究者凌宇以一种不容置疑的口气说:没有这回事,那是上海小报造的谣。

一九八三年丁玲访问美国时,台湾诗人丛苏也问她同样的问题:"你和沈从文有没有超友谊的感情?"丁玲回答:"没有,我们太不一样了。"

他们的否认是可信的。作为沈从文传记的作者,凌宇对此事做过这样的分析:"然而倘若承认男女间的性爱,并非仅仅是一种生理欲求,它还需要情感与精神(包括双方的人格、气质)的相互吸引,那么,一贯被丁玲看作'软弱''动摇''胆小'的沈从文,是不会引起丁玲情感和精神上的共鸣的。她与沈从文的关系,即便在当时,也不会超出朋友之间的范围,应该是可以相信的。"

他的话有一定道理。

但是,《情缘》的作者为了证明自己定下的基调,就不惜一而再再而三地按照自己的思路和想象来给历史场景"添油加醋"。

他这样写胡也频遇害后沈从文和丁玲的见面:

> 当沈从文把胡也频被害的不幸消息告诉丁玲时,丁玲悲痛万分,热泪长流,长时间伏在沈从文的肩上放声痛哭。沈从文理解丁玲此时此刻的心情,一个劲地安慰她要节哀,保重身体,并默默地陪伴着丁玲度过了一个痛苦难眠之夜。

但是根据沈从文当年在《记丁玲》中的记述,丁玲乍一知道这个消息时的镇定,使在场的沈从文感到钦佩。后来,丁玲在熟人面前也没有掉下一滴眼泪,对每一个前来向她表示慰问的人,她只是抿着嘴微笑。正是根据这一情况,沈从文认为丁玲不再是在北京与情人陶醉在浪漫爱情中的那个女子,温情,多愁善感,已经淡去。而这种转变,影响了她的创作和后来的生活道路。

沈从文写过这样一段话:"几个极熟的朋友,就可以看得出她这种不将悲痛显出,不要人同情怜悯的精神,原近于一种矜持。她其实仍然是一个多情善怀的女子,而且也不把这样一个女子在这份生活中所应有的哀恸抹去。但她却要强,且能自持,把自己改造成一个结实硬朗的女人。因为她知道必须用理性来控制,此后生活方不至于徒然糟蹋自己,她便始终节制到自己,在最伤心的日子里,照料孩子,用孩子种种麻烦来折磨自己精力与感情,从不向人示弱。当时她既不作儿女妇人的哭泣,便是此后在作品上,也从不做出那种自作多情儿女妇人的陈述。"

沈从文的这些话写于半个世纪前,联系到丁玲后来人生旅程上的实际状况,可以说是真实可信的,并且也是准确的。那么,我们又怎么能相信《情缘》的作者的描写呢?

《情缘》的作者还写到丁玲在一九三三年失踪之后的一些事情。

他说沈从文在得知丁玲失踪之后,"立即冒着极大的风险去南京探监,并策划她越狱"。

他还说:"一九三六年的中秋节前夕,丁玲逃出了地狱。出狱的第三天,沈从文又匆匆赶去秘密与她相会,二人见面抱头痛哭,并长时间地拥抱接吻。此时此刻,丁玲才意识到自己真正爱上了沈从文,打算把自己终身托付给他。"

这就更加荒唐了。作者仍然是在编造,对起码的历史事实都不了解。

首先，丁玲在一九三三年五月十四日失踪之后，震动了整个中国。但是，在很长时间里，根本没有人知道她的准确下落。后来又有关于丁玲已经被处决的传闻。正是在这种情况下，沈从文才创作了《记丁玲》和小说《三个女性》。在当时，根本不存在任何可能使沈从文立即冒风险去探监，更无从谈起策划越狱之事，这一点，稍稍看一看当时文化界的呼吁、沈从文的文章和丁玲后来的回忆录《魍魉世界　风雪人间——丁玲的回忆》都不难找到证明。而且，以沈从文这样一个文弱书生，即便知道下落，又如何"策划越狱"呢？作者真是在"合理想象"！

文化界人士知道丁玲的下落是在一九三五年冬天，距她失踪已将近两年。这时，丁玲已经属于软禁时期，并非关在狱中，前往探视并不存在风险。沈从文是在北京得知这个消息的。一九三五年十二月，在"一二·九"运动之后，华北形势吃紧，他便和张兆和带着一岁多的儿子龙朱回苏州张家。途中，他们特地在南京逗留，去看望了丁玲。这是他们在丁玲失踪后的第一次见面。

一九八九年十月，张兆和对我回忆过这次见到丁玲的情景："那是我们的孩子虎雏一岁多的时候，因为北京受到日本侵略的威胁，我们送孩子到南方去。我和沈从文到上海，路过南京，去看被软禁的丁玲。记得她当时住在太平桥一带，和冯达同居，姚蓬子一家也住在一起。我们见到她，她很兴奋。她的儿子小苇护这时已经从常德到了南京，我给小孩还拍了照片，至今还保存着。我们在一起吃饭，看上去她对我们非常热情，没有感觉到什么别扭。"

在这次探望之后，沈从文将丁玲的情况转告了正在编辑天津《大公报》文学副刊的萧乾,并建议他向丁玲约稿。于是,一九三六年春天,萧乾从天津到上海参与创办《大公报》上海版,就到南京探望了丁玲。丁玲随后寄给萧乾一篇短篇小说《松子》,这是她失踪三年后第一次公开发表的作品。

丁玲在一九三六年秋天利用可以相对自由活动的机会,在冯雪峰、王昆仑等地下党员的策划下从南京抵达北京,随后逃到延安。在北京时,她曾到沈从文家中拜访,张兆和、湘西老乡刘祖春(后来曾任中共中央宣传部副部长)先后对我证实了她的这次拜访。

由此可见,沈从文和丁玲的重逢,完全是正常的友谊往来,幽会的情景又何曾会出现?哪里存在丁玲在"逃离地狱"后第三天与沈从文"秘密相会"的可能性?至于《情缘》的作者所写的那些细节和对话,只能说是他的臆想,或者说,他是在编撰一个近乎天方夜谭式的艳情故事。

更有甚者,在《情缘》即将结束时,作者为了进一步增加文章的可信性,特地插上这么一段:"已近尾声,我大胆地问了声:'沈老,你们的缘,其实可以再延续下去呀!'他惋惜地望望我们说:'多情却似总无情啊!'"

熟悉晚年沈从文的人,大概谁也不可能相信他这样一个年过八旬的老人,一个与丁玲的矛盾已经无法调解的人,会对作者讲出这样的话。它倒是让我想到古龙一部小说的名字《多情剑客无情剑》。

五

显而易见,《情缘》虽然打着纪实的幌子,却完全是在编造一个蹩脚的言情故事。

为了达到自己的目的，沈从文和丁玲，都成了作者手中的木偶，任由他摆布。历史真实不再重要，认真的创作态度更无从谈起。在不少知情者仍然在世的情况下，作者居然如此大胆地编造，实在令人惊奇。

对于这样一篇不可多得的编造出来的"纪实"，实在有予以戳穿、予以澄清的必要。不能让乐于编造并以此获得某些利益的人在那里轻松得意地欣赏读者坠入他所设置的"陷阱"，不能让类似的文风败坏历史纪实的名声。

据了解，《情缘》的作者是湘西慈利县政协的一位工作人员，他以另外的笔名，曾将同一文章略加改动，给北京某家杂志投过稿，但未能发表出来。现在，如果作者对我的批评能够提出反批评，如果作者有自己的充分材料证明自己描写的准确性和真实性，或者作者能够自圆其说，我都愿意洗耳恭听。

我等待着。

一九九六年九月十二日北京

‹ **1997**年 ›

《沈从文与丁玲》为何被"腰斩"?

跌进沼泽地

多年来我主要研究现代文人,沈从文、丁玲作为现代文学史上的重要作家,自然也在我的视野之内。他们的交往、友谊,乃至后来的矛盾,我想,是不仅仅属于个人恩怨方面的故事,而是可以作为历史沧桑中文人性格的写照。在写关于沈从文与丁玲的文章时,我想尽量达到的也是这一目的,即真实、客观、冷静地写出历史人物的丰富性、复杂性。所以,我的主要着眼点并不在于个人之间的情感纠葛,而是尽可能全面地展现历史,同时对混淆视听的一些文章也可以起到矫正作用。

从二十世纪二十年代相识,到二十世纪八十年代相继去世,沈从文和丁玲的交往,经历了友好、冷淡、隔膜、攻击等不同阶段,他们的人生观念和生活的喜怒哀乐,是随着中国政治历史的变迁而不断变幻场景和色彩的。他们的人生是一部大的交响乐,相互的恩怨自然是密不可分的乐章,哪怕它最后发出不和谐的声音。唯其不和谐,才更显其复杂和重要。唯其重要,才诱惑人们去聆听、去欣赏,于欣赏之中,更深切地了解他们,感悟各自的性格。这便是我对这个题目产生兴趣并进行研究的原因。

但没想到,半年之内,我所写的两篇关于沈从文与丁玲的文章,先后都遭遇到"腰斩"的命运。一次是在一九九六年十月的《文汇报》,一次是在一九九七年六月的《新民晚报》。令人诧异而不解的是,导致"腰斩"的是与沈从文、丁玲都相识的文坛前辈陈沂先生。

作品一而再再而三地被"腰斩",这是我开始发表作品以来十多年间从未遇到的事情,而被"腰斩"的原因和陈沂先生所采取的干预的方式,又是那么莫名其妙、令人费解。乾坤朗朗,谁能料想风波突起?我不由得颇有一种吃文字饭有如走钢丝绳的感觉,你说不准在什么时候、什么地方,因为什么极微妙的原因就跌将下来,掉进沼泽地里。

苦涩的"腰斩"滋味。

两次"腰斩"

去年,我先后在多家报纸上读到一篇文章——《沈从文与丁玲的情缘》,根据我所了解的情况,我认为这是一篇编造的虚假纪实。特别拙劣的是,作者极不负责地将两人之间的交往改写成一个桃色故事,这显然是历史题材纪实作品所不允许的。因此,我在进一步采访沈从文的夫人张兆和、丁玲的丈夫陈明的基础上,写出长文《纪实,还是编造?——关于〈沈从文与丁玲的情缘〉》予以反驳与澄清。文章由《文汇报》的"笔会"版块准备分两次发表。一九九六年十月九日"笔会"发表上半部分,文后注明"未完待续",准备第二天刊载后半部分。

然而,意想不到的麻烦来了。居住在上海的陈沂先生,在读到拙文之后，当即通过各种途径，用一般读者所难以具有的影响力，制止了下半部分文章的发表。对停发拙文报纸上没有任何交代说明，"未完待续"便永远悬挂在那里让热心的读者去想、去猜疑。本人从事报纸出版工作多年，对现代报刊史也略有了解，以往似乎还没有发生过类似的情况。

同样的情况今年又重演。我撰写的《沈从文与丁玲》自一九九七年四月底开始在《新民晚报·夜光杯》副刊上连载。在这篇长篇纪实中，我根据自己的研究和考证，详细地描述了在时代大背景下两个不同性格的文人的命运、成就和他们之间的友谊、矛盾，发表之后，颇受到一些热心读者和文坛前辈的关注和好评。然而，在连载刊出二十多期后，陈沂先生又看到了拙著，并再一次表现出对鄙人作品的超乎寻常的关注，依然发挥别人难以具有的影响力，三番五次指责报社，要求马上停载，并威胁说若不停载他将如何如何。其间经过报社多次交涉，本人也破天荒地给报社和陈沂先生去函，表明态度，希望考虑到作品的完整性和对读者负责的态度，不要"腰斩"。但是，商量仍然无效，最终连载还是夭折，所写内容到一九四九年即告中止。这样，最为重要的沈从文与丁玲"文革"前后的关系发展、晚年友谊的突然破裂、彼此逝世后留给文坛的话题等内容，无缘与读者见面。一部完整的作品，就这样又一次被"腰斩"。

奇怪的理由

我与陈沂先生素未谋面，二十世纪八十年代初读朱正先生的一篇文章，才对陈沂先生有所了解。在那篇文章中，朱正先生经过严谨考证，认为陈沂先生回忆鲁迅的一篇文章存在着基本事实的错误，因为当年鲁迅到北平来，不可能像陈沂先生所回忆的那样，与身为北平左联成员的陈沂有过私下来往，更不可能以左联领导人的身份对他做出指示。看过也就看过，我并没有在意。因为我知道，文坛回忆录中出现误差是难免的。只是，我完全没有想到，十多年后，陈沂先生会以一种特殊方式两度干涉我的作品发表。

一个读者对一篇作品表示不满，这是非常正常的现象，也是他的神圣权利。问题是，他完全可以写文章公开发表予以辨析（如同朱正先生所做的那样），甚至予以批评。陈沂先生在二十世纪三十年代就参加了左联活动，也可称为文坛前辈，想必写这样的文章是轻车熟路，其实完全没有必要借用行政干预的手段。

据说陈沂先生第一次要求"腰斩"拙文的理由有三：1. 沈从文与丁玲的事情都是过去的事还写它干什么？ 2. 丁玲的丈夫陈明还活着，会告你们报社。3. 李辉的文章格调不高。今年第二次要求"腰斩"拙文时，理由是：丁玲是革命者，为什么还要写她当年的感情生活？

理由似乎很堂皇，其实很奇怪。

不能回避往事和感情生活

过去的事就没有必要写吗？

现实从来都是历史的延续，对往事的审视、反思，正是为了更好地把握现实，作为作家的陈沂先生，回忆鲁迅也好，写自己的生活回忆也好，不也是过去的事吗？缘何别人就不能去写？何况，我那篇《纪实，还是编造？——关于〈沈从文与丁玲的情缘〉》，是对一篇新近发表的杜撰的"纪实文章"有感而发，既有史料性又有新闻性，这一点，稍稍具备文学与新闻常识的人大概都会明白，为何一位文坛前辈反倒读不明白呢？

当然，现实中的人，很难对历史人物做出十分准确的评说。但力求通过客观的、言之有据的叙述，来勾画历史的轨迹，总是作者的愿望。不做简单的是与非的评判，为人们描绘史料中呈现出的性格和有意味的话题，这便是我写作时所想达到的目的。对于沈从文、丁玲这类一生经历过一次次大起大落的文人，不管从哪种角度审视，都会有意想不到的收获，并能给人们以启迪。从某种意义上说，阅读一两个文人的生活也就是在阅读历史。对他们的情绪、品行、性格的了解，也就是在审视文人丰富多彩的层面。这样的过去的事情为何不值得写呢？

至于说到革命者的感情生活，就更没有理由说不能写。我们看到，任何描写革命家的传记，都不可避免要写到他们个人的感情生活，没有这方面的真实描写，人物形象就很难说是完整、全面和丰富的。写好历史人物的感情生活，无疑是传记写作不可缺少的内容，而且显然是天经地义、不言而喻的。丁玲是革命者，更是一个作家，凡是研究她的人，难到能避开其感情生活吗？写革命者而不涉及其感情生活，这样的作品恐怕只有从"文革"期间的八个样板戏里去寻找。

就在我的《纪实，还是编造？——关于〈沈从文与丁玲的情缘〉》被"腰斩"之后，"笔会"版块发表了陈沂先生二十世纪六十年代写给妻子的信。过去的信，自然是谈过去的事情；夫妻间的私下通信，自然也属于个人感情生活范畴；陈沂先生参加革命多年，也算革命者吧，那么，令人纳闷的是，这些信怎么就可以发表，而写沈从文与丁玲的文章就不能发表？百思不得其解。如果按照陈沂先生的理由来解释的话，要么写信者不是革命者，可以不在限制其列，要么信中所表现的不只是个人情感，而是文件、社论之类的大道理。可我反复读这些信，从署名的爱称，到所谈内容，无论如何只能说是个人之间的通信，而非其他。

陈明与张兆和

至于陈沂先生所说陈明先生会告报社一事，这恐怕是他自己的臆想。多年来，我与陈明先生有良好关系，我很尊敬他，在研究沈从文与丁玲这一课题的过程中，我先后多次采访他，得到他的热情帮助，并为此提供了不少资料。文章写出后，也请他审阅过，他对此没有任何异议，而是加以鼓励，还提供新的线索建议我进一步研究下去。

去年十月九日晚上，得知《纪实，还是编造？——关于〈沈从文与丁玲的情缘〉》一文第二天将被"腰斩"时，我去陈明先生家，他当着我的面亲自打电话给《文汇报》值班总编辑，表明了他的态度。陈明先生告诉那位总编辑说：他赞同我的文章观点，而且还感谢我出来批驳小报上编造的所谓沈从文与丁玲的"桃色故事"。陈明先生当时还对我说，他遇到陈沂先生时，会将这一意见告知，以避免一些误会。

从二十世纪八十年代初，我就和沈从文夫妇开始往来，撰写过一些关于他的文章，也收集过一些他的资料。他去世后，我仍然常常去看望张兆和老人，我的这一研究课题，同样得到她的支持和帮助。在得知陈沂先生出面干涉拙文的发表时，她感到意外，也表示出不满、气愤和无奈。从她那里我才知道，早在二十世纪三十年代初，陈沂先生和她曾是中国公学的同班同学，从那时起一直到现在，在很长时间里，陈沂先生一直与她有联系，但她没有想到，现在他会以这种方式出面阻止关于沈从文与丁玲文章的发表。

因此，陈沂先生所说有关家属会有意见，只能说是将自己的意志强加于人。而所谓"革命作家，怎么能写那些个人感情的事情"，无非是"以革命的名义……"而已。

格调不高吗？

陈沂先生说我的文章格调不高，我不知是对我的所有作品而言，还是主要针对关于沈从文与丁玲的文章而言。本人从事传记写作和随笔创作多年，由于学识、思想、功底诸因素，作品肯定还存在不少缺陷，但唯一可以引以为安慰的是坚持了严肃、认真的态度。至于所写的关于沈从文与丁玲的作品，我所遵循的原则，就是以严谨的文风来描述历史，描述时代背景下文人的性格，以及他们的恩怨沧桑。我予以批评的正是某些作品中存在的态度不严肃、笔调庸俗的问题，读过拙文的读者，完全可以自己做出客观判断。

好在《沈从文与丁玲》在《新民晚报》上一共发表了五十多回，全文也即将结集出版；好在《文汇报》"笔会"编辑的《感受那片森林——笔会文萃1996》最近已由文汇出版社出版，其中也将《纪实，还是编造？——关于〈沈从文与丁玲的情缘〉》一文全文选入。那么，有兴趣的读者不妨找来一读，看看拙文是否如陈沂先生所说的"格调不高"而不应该发表？

需要的是平等对话

莫名其妙被"腰斩"的滋味是苦涩的。

作为一个写作者，我想最好的就是用公开发表文章的方式来表明自己的态度。七十多年前，郁达夫看到文学青年沈从文生活艰难，愤而发表《致一个文学青年的公开状》，以激烈的情绪为沈从文呼吁。开始我本来想借鉴一下，以《致陈沂先生的公开状》为本文的题目。后来想，这样不免火气太甚，也并非我的初衷。我唯一的希望是，陈沂先生若是真正爱护一个青年作家的话，可以以一个老作家的身份公开写文章，对我的关于沈从文与丁玲的文章以及所有作品发表说理的批评。对于陈沂先生一切客观公正、严肃认真的批评，我将洗耳恭听并努力改进。

客观、真实、平等、说理，这才是当今文坛真正需要的。

一九九七年六月二十四日于北京

‹ 2002年 ›

从边城走进故宫

这是一份出让文物的便条,出让人沈从文。

  今出让古瓷器卅件,铁瓶一件,漆器一件,共价叁拾叁万圆整。

  此致

  中央美术学院实用美术系

沈从文

五二年十一月十二日

当时的万元约相当于后来的一元。

便条宽十二厘米,长二十二厘米,左上角贴有一九四九年发行的中华人民共和国印花税,但被用毛笔画上一个大黑叉,似系"文革"留下的印记。在便条上,另有验收人的签名:经手验收人郑可、张仃,十一月十四日。郑可与张仃为著名画家,当时是实用美术系的负责人。

沈从文喜欢收藏文物素有美传。萧乾曾对我讲过,早在二十世纪三十年代的北平,沈从文就常买一些古瓷器,后来抗日战争期间沈从文流亡云南,但兴致依然不减。他在西南联大的得意弟子汪曾祺也谈及老师的这一爱好。

出让之时,这位从湘西边城走出来的文学天才,已感到自己的笔不再适应一个新的、不同于以往的时代。记得汪曾祺说过这样的话,在无法写小说的时候,文物研究是沈从文最好的选择。这话有道理。写出《边城》和《湘行散记》的文学家,一转身走进了故宫,于是,红墙黄瓦间多了一袭湘西的长衫。风光无限终成记忆,顺理成章的寂寞选择中又有多少失落与无奈?

"对瓷器、对民间工艺、对古代服装他都有兴趣,谈起来头头是道。"这是巴金对沈从文当年转行时的印象。

另外一份史料也可佐证沈从文一九五二年的转行。作家严文井是二十世纪三十年代沈从文编辑《大公报·文艺》副刊时培养的一位弟子,在"文革"中所写的交代《关于胡乔木的材料》(一九六八年十一月二十一日)中,他写到了沈从文:

> 一九五一年(具体时间忘了),沈从文给胡乔木写信,希望安排他搞创作。胡乔木把这件事交给我办,让我找沈从文谈话,并找郑振铎给沈从文安排创作的时间。一九五二年胡乔木又让我找沈从文,劝沈从文写历史人物故事,胡乔木还为沈出主意,开了一大串"历史人物"的名单(内容已经忘了),让沈一个个都写出来。后来,不知为什么,沈从文没有把这些"历史人物"写出来。

二十几年后,一本《中国古代服饰研究》成了沈从文寂寞中的结晶。

五十年前,沈从文五十岁。如果活到今天,他正好一百岁。中央美术学院实用美术系后来成为中央工艺美术学院的一部分，张仃曾任院长。如今该学院已并入清华大学，不知那些古瓷器、铁瓶、漆器尚在否？上面还留有沈从文的指纹吗？

二〇〇二年

百年沈从文
——在北京现代文学馆的演讲

各位,早上好!

随着社会的发展,纪念一个作家或者一个政治家或者历史人物百年的活动,从去年开始好像是越来越多了。昨天碰到一个文学界的朋友,他就说:"其实对沈先生生前的待遇不太公平,一直以来对于他的评价在我们的文学史上和媒体的报道上,也是受到冷落的。包括他去世的消息,也就是当时在《文艺报》上有一个小消息,在很多天之后才有一个篇幅的报道,这对沈先生是不公平的。在他百年的时候,应该有一个隆重的纪念会,有关部门应该对他做一个历史性的评价。"我说:"那没有必要,像文学馆搞展览的方式和演讲的方式,很多沈从文的喜爱者自动发起的对他的一种怀念,对他的一种纪念,这对沈从文先生这样的人来讲,是最好的一种纪念方式。而不需要那种很正规的或者大腕在人民大会堂开一个很隆重的大会纪念他,那反倒是违背他本人的愿望和他的特点。"

今年的下半年起,关于沈从文的纪念活动就陆续在民间有声有色地开展起来了。前不久,一个偶然的机会,我在网易上知道有一个关于沈从文的论坛,大概已经有好几年了。论坛上发起了一个征文活动，我也把我很好奇的这篇文章作为征文传去了。有些征文写得非常漂亮，非常好，我非常感动。一个真正伟大的作家，他的生命力就在于他是不是扎在民间读者的心中。

从那些网民的征文和最近一段时间报纸上发表的一些文章可以看出，沈从文是不需要那种外在的宣传，也不需要那种人为的或者是那种很高规格的纪念活动来让读者记住他的，他就靠他的作品不断地感染人，而且是自发的形式。有几个比较喜欢沈从文的，甚至我估计是湘西一带的人，他们在网易进行讨论。这些人，把大部分时间投入到对沈从文个人的研究上，这和我们做文化工作的，包括大学做教授、做研究的，作为一种终身的职业还不太一样，他们是业余的。他们扫描很多沈从文的照片、沈从文著作的封面，还有一些感想都贴在了网上。这种方式，我觉得对沈先生来讲，是一种非常好的纪念方式。

一个天才的自信

我们现在纪念沈从文先生，实际上和他在二十世纪三十年代，甚至到二十世纪六十年代对他自己的认识是吻合的。最近两年曾经看到一篇文章，讲到沈从文先生在他的小说选集，大概是"文革"结束之后，认为自己的作品已经过时了，或者是对自己的文学作品不看好，反倒看好自己的文物研究工作。

根据我读他的家书和当年一些作品的序，和他一生走过的路，我认为这不是沈先生说的真心话。他一直认为自己的文学是最重要的，而他的文学成就是无人替代的。第一部分就是想强调他天才的自信，我认为沈先生是有自信的。而这个自信是与他的天分密切相关的。

他在一九三四年回湘西的路上给张兆和的信里讲过这样一句话，他说："我想印个选集了。因为我看了一下自己的文章，说句公平话，我实在是比某些时下所谓作家高一筹的。我的工作行将超越一切而上。我的作品会比这些人的作品更传得久，播得远。我没有办法拒绝。我不骄傲，可是我的选集的印行，却可以使些读者对于我作品取精摘尤得到一个印象。"

到一九五六年，已经过去二十多年了，这时候沈从文先生已经远离文坛，没有从事文学写作了。当时，他也认为自己的笔跟不上时代了，恐怕就是不适应那个时代，这是他的一些认识，包括他在思想改造运动之后发表的一个关于对自我批判的文章里也有些解剖。但是他在一九五六年十二月十日回长沙、回故乡，又一次回凤凰山的路上给张兆和的信里还是这样说的：

> 我每晚除看《三里湾》也看看《湘行散记》，觉得《湘行散记》作者究竟还是一个会写文章的作者。这么一支好手笔，听他隐姓埋名，真不是一个办法。但是用什么办法就会让他再来舞动手中一支笔？简直是一种谜，不大好猜。可惜可惜！这正犹如我们对曹子建一样，怀疑"怎么不多写几首好诗"一样，不大明白他当时思想情况，生活情况，更重要还是社会情况。看看曹子建集传，还可以知道当时有许多人望风承旨，把他攻击得不成个样子，他就带着几个老弱残丁，迁来徙去，终于死去。曹雪芹则干脆穷死。都只四十多岁！《湘行散记》作者真是幸运，年逾半百，犹精神健壮，家有一乌金墨玉之宝，遐迩知名（这里犹有

人大大道及）！或者文必穷而后工，因不穷而埋没无闻？

又或有他故。

这时沈先生和曹雪芹一样，也是四十多岁。这是一个天才的自信。我认为沈从文创作的黄金时代是在一九三四年前后，那个时候又有《边城》，又有《湘行散记》，到《从文自传》，包括《记丁玲》《记胡也频》，这都是一九三三年至一九三四年前后。这段时间他是充满自信的。到了二十世纪五十年代，一九五六年在家书里边，他仍然有这种看法，而且把自己和曹雪芹、曹子建进行比较，发出历史的感慨，他肯定是对自己有感慨才会这样的。我认为像沈先生这样的人，他不可能在离开文坛之后，贬低文学这些东西，那不是沈从文，所以我认为他的自信是充满着连续性的，是一直自信的。包括到了二十世纪七十年代，他在干校时给萧乾写的两封信里也谈到对文学的一种理解，包括他在工艺美术研究结束之后转而写诗。当时，他已经写了不少诗，有些自己的想法，对旧体诗也有了一种新的探索，他要打通这个"文白"，就是文言文和白话文之间的关系，把它打通，然后做自己的探索，而且他很自信，他说："我自认为我在十几岁的时候，已经有过这方面的训练，而且可以做的。"

所以总的从这么大的历史跨度来看，沈先生这种人并不是我们简单所想，是个自甘寂寞，或者认为自己是那种简单平和的人。他确实对自己是充满自信的，如果不是一个充满自信的人，他也不可能做出非常重要的文化贡献。这就是我所理解的他的自信。

他的自信，对这种天才的自信正是这样体现出来的。

在二十世纪二十年代，沈从文从湘西一个边远的小镇到了北京。大家知道，湘西凤凰在当时是交通很偏僻的地方，只有二十一岁的他只身到了北京，而且执着地居住在一个很阴冷的房间里，流着鼻血坚持写作，他除了对文学的迷恋和爱，我想，还对自己充满信心。如果不充满信心的话，他不可能这样。从沈从文先生能够一个人只身离开家乡，到北京来做这样长期的努力，和"我早知不是这块料不做这个事情"还是有关系的。而他最初发表作品是一九二四年年初，实际上到一九二四年年底是一个转折，那个时候，他给郁达夫写信，郁达夫先生到他住的地方去看他，然后郁达夫为他而写的《致一个青年的公开状》，就为他这种文学青年的命运打抱不平。从一九二五年开始发表一些作品，到一九二五年年底，他得到了徐志摩的欣赏，开始转变在北京的处境。他在一九二五年前，林宰平在信里把他称为"天才少年"。然后到了一九二八年，他的第一部长篇小说《阿丽斯中国游记》由《新月》杂志连载，当时新月书店为这本书写的广告有这么两句："《阿丽斯中国游记》是近年来中国小说界极可珍贵的大创作，著者的天才在这里显露得非常鲜明，他的手腕儿在这里运用得非常灵敏。"也是强调了他的天才。

我想我们理解的天才，文学界的天才和政治上理解的天才，就该是有所区别的。《新月》杂志和"新月派"，是二十世纪二十年代的徐志摩和闻一多，这一批欧美留学回来的知识分子和作家办的刊物及形成的一个文学派别。据说，沈从文的第一本书是由徐志摩设计的封面。徐志摩和"新月派"的一些诗人、作家，他们对沈从文一开始就非常感兴趣，非常欣赏，赞赏他的天分。那么我们从沈从文后来文化的发展方向上也可以看出来，靠着他身上的才气或者天分，他是让那些学院派的高级知识分子非常佩服的。

沈从文先生是一个只上了几年私塾的湘西的小知识分子，一个读书人，他完全是靠自学，靠自己对生活的感受，对艺术的敏感，取得文学成就的。二十世纪三十年代，胡适聘请沈从文到上海的中国公学担任教授，这在今天来说也是难以想象的。很难想象，能把一个连中学都没上的小说家或者散文家，聘到某一个大学去做国文系的教授。而胡适之所以选他，同意聘请他，是因为徐志摩的推荐。因为他们相信，徐志摩这些人对一个人的判断，对一个文学和艺术鉴赏的标准和判断。

二十世纪三十年代初到北京之后，沈从文又成为当时的"京派沙龙"的核心人物。一般来讲，"京派沙龙"是以林徽因的"太太的沙龙"形成的，有梁思成、林徽因夫妇，梁宗岱、朱光潜，年轻一代的包括萧乾、何其芳、卞之琳等。与沈从文关系密切的，有徐志摩、闻一多这样一批人，还有梁思成、梁宗岱、朱光潜都是从国外回来的，如果把周作人也包括在内，他是从日本留学回来的，他们都受过非常严格的、正规的文学训练、知识训练和学术训练。而沈从文却不是。沈从文恰恰是这个"京派沙龙"里面的一个重要成员。

沈从文当时接手编天津《大公报》的副刊，前面讲的他们这些人的主要作品，重要的作品都是在《大公报》副刊上发表的，它成了"京派沙龙"的主要阵地。沈从文和这些人在一起，如果是简单的一个小说家，只是一个湘西的人写湘西的生活，他就不可能成为他们中间的一员，他一定是有他的综合性的文化修养和他的艺术价值，让这些大学教授佩服。像梁宗岱是研究美术史、研究美学的，朱光潜是研究德国的美学的。梁宗岱留学法国，梁思成、林徽因留学美国，他们的知识结构和沈先生的文化背景、生活背景是完全不同的。但恰恰是在这一点，他们之间有一种默契。而这种默契是靠他身上对生活的一种人性的理解和艺术的手段，这是让他们感到佩服的。而这恰恰也是让沈先生能够永远感到自信的一个原因。

这样一种文学的自信，和他这种乡下人的性格，两者是相辅相成的。这就是我要讲的第二部分：这一位乡下人。

这一位乡下人

沈从文的自信，在他的性格上就能表现出来。他并不是逆来顺受，或者是简单的自甘寂寞，或者是一个很平和的、对文学没有太大奢望的作家。恰恰相反，从二十世纪二十年代开始走上文坛，他就表现出一个乡下人向整个文坛挑战的姿态。

这里我就要岔开谈一下，作为一个湘西人，为什么能够以他这样一种新的姿态，在文坛上引起广泛的关注。我们知道，他家乡凤凰关于这方面的研究专著比较多。凤凰是苗族、土家族和汉族交界的地方。沈从文的祖父是个从武的，后来也做过官，到过贵州，据说也是军人出身。在凤凰有个传统，对军人或者善于打仗的，他们是非常崇拜的，那么沈先生他们家，一开始并没想到，会出现这么一个文化人。

我在一九八九年第一次到凤凰去。当时，沈从文的弟妹罗兰女士——他弟弟沈荃的夫人还健在，我做过比较长的访问，回来后就写了一篇报告文学——《破碎的将军梦》。我主要是写他弟弟的命运。沈家一直希望沈家的男子是打仗的，当将军的，并不希望是从事文学的。包括沈先生十几岁出去也是到地方武装，也是到部队里面。他的弟弟从黄埔军校毕业后一直是在部队里，做到少将。最后，当然是一个悲剧的命运，在二十世纪五十年代初，当时湘西剿匪，他被地方政府误杀。一九八九年我回来为什么没有写沈从文，反倒写他的弟弟，就想从他弟弟的命运角度来反思沈从文的成功，或者他走的道路注定要成为他们沈家的骄傲。从这个角度讲这一点，我还想说明，在凤凰这个地方，历来是以能够打仗、会打仗而引为骄傲的。虽然他们也有文官，但文化的地位没有军队、军事、武装的地位高。但是恰恰是这样一种氛围，就使湘西人有一种侠义、好斗的性格。

湘西人性格中的这些特点，我认为沈先生身上是存在着的。好斗，倔强，一种从来就不轻言失败的秉性。这种性格就该让它存在着。在长期的不断的历史变化之中，能够让他一贯执着地进行文化创作，这一点我觉得不是单纯的性格转变，而是一种意志战胜性格，使他能够完成后来的文学的、学术的成就。他这个湘西人的性格，这种不平和的性格，或者说不安分的性格，使他从一个文学青年转变成一个真正作家之后，就体现出来了。

比如刚开始，在一九二八年沈从文和丁玲、胡也频创办《红黑》《人间》杂志，他们想冲破文坛的有名的作家的控制，想自己闯天下。所以在《红黑》杂志创刊时，他们几个就这么选定"红黑"来作刊名。胡也频是福建人，沈从文和丁玲是湖南人。《红黑》发刊词的解释就是："我们取用红黑为本刊的名称，只是根据于湖南湘西的一句土话，例如'红黑要吃饭的'！这句话中的红黑便是'横直'意思，'左右'意思，'无论怎样都得'意思。这意义，是再显明没有了。因为对于这句为人'红黑都得吃饭的'这个土话感到切身之感，我们便把这'红黑'作为本刊的名称。"

湘西话里的横竖怎么样，实际上就是舍出去的，并不是取得"红色革命""黑色反革命"这种概念。横竖不管怎么着，我们都是要干的，这种性格，是沈从文性格的一个根底，我认准的事情，我都要去干。从他一开始走上文坛，《红黑》就打出这个旗号，应该说体现了沈从文的性格，因为后来的发展，胡也频和丁玲走上革命的路了，是左翼的，很快就掌握了左翼文艺，而沈从文恰恰被认为和左翼文艺相对的，或者说是他对丁玲他们从事左联的上街游行的活动是反对的。他认为，一个作家就应该写作，这一点放在后面讲。

我认为他不是个平和的性格是有一些根据的，比如在二十世纪三十年代的文坛，沈从文是非常活跃的，是东打一枪、西放一炮的人，他并不是埋头写作。他写小说、社会评论、文化评论，他发表了很多的意见，他是没有精神负担的，能够敢于这样说。他对上海左翼文艺的批评，对上海的商业性十足的"海派文艺"的批评，引发了当时很有名的京派和海派的论争，包括后来"抗战无关论"、"反差不多论"、二十世纪四十年代抗战后期的"第三条道路"等一些意见。他发表了不少文章，他的观点并不局限于文学和艺术，他对很多社会的东西都发表了意见。有一次我和汪曾祺谈沈先生，汪曾祺就讲："他就是爱管闲事。"

沈从文先生的这种性格是在"五四"时期这么一种大的文化背景下形成的，"五四"时期的一个特点，就是一种思想的、精神的自由状态，个性张扬的时代，再加上他们湘西人的性格，这样使得沈先生在步入文坛之后，能够不管你的地位高低，不管你的成就高低，都敢于发表自己的看法。这种东西，我认为也是一以贯之的。而当他于二十世纪五六十年代进入文物的学术研究工作之后，也还是有这种特点的。

我第一次有幸见到沈先生是一九八二年的夏天，我刚刚从上海复旦大学毕业，分到《北京晚报》，我那时在《北京晚报》是文艺记者，负责对文艺界的采访，按现在讲也是最早的"娱记"之一。去文联采访，当时在一个小组会上，在沈先生发言之前，有个音乐家大骂当时的乌兰牧骑："居然用上了电子琴，而电子琴是资产阶级的，是资本主义腐朽文化的代表，怎么能用电子琴呢？乌兰牧骑就应该用马头琴啊！他怎么能用电子琴呢？"音乐家在小组会上批评了一番电子琴，给我印象非常深。然后就是沈先生的发言，是谈文物的。他非常气愤地发表意见，批评历史博物馆。他说，在文物界，外行领导内行。我看最近几期的《文汇读书周报》，还有《北京青年报》上发表一些他在"文化大革命"时期写的交代，他从二十世纪五十年代开始，就对文物界的"外行领导内行"深恶痛绝，所以他的发言是非常尖锐的。一九八二年时他也已经是八十岁的人了，但是他发言时非常激动，他说："这种人怎么能领导文物界？"按照一般人来想，他是很温和的，是不怎么张扬的。他的外表是很文静的样子，平常接触也是很平和的。但一谈到问题，他便非常激动，而且非常敢于讲话。

这就是二十世纪三四十年代真正的沈从文。我们仔细看他三十年代的那些论述，包括他散文里面的，不仅仅是我们印象中的《边城》或《湘行散记》里面的东西，其实还有大量的阳刚之气。各种议论，对社会的批判、对文化的批判，非常之多，包括在"京派""海派"的争论中，"反差不多主义"的论证中，那些言论都是非常有锋芒的、有战斗性的。为什么讲他的性格不平和呢？从小他就是个不平和的人，就是一个调皮的人。他逃学，喜欢跟一些人打架，到河边去玩，和一些小流氓、小混混在一起玩得很开心，概括起来，他自己强调他是乡下人,他永远是一个乡下人,哪怕他和京派文人们天天在一起,和马思聪一块儿听音乐,和梁思成一块儿聊天,但他还是写文章强调,他是一个乡下人。他一直在强调他身上的野性。

"野性"这个词,并不是贬义词,"野性"实际上是种自然状态,这个自然不是指大自然,而是指顺其自然的意思。是一种人性的不加任何雕琢的东西,他喜欢这种东西,人性的东西。有什么话,就说什么话。有什么意见,就发表什么意见。而且在"五四"时期形成的那种环境中,是可以这样做的。那个时候的整个文学论争、文学派别都非常独立,也非常自由。

他在一九五六年回湘西的路上,像当年一样还是不断地给张兆和写信,描述途中所见所闻。他从凤凰回来时路过常德,有一段话非常有意思:"过常德时,还过麻阳街探探乡亲,几个老麻阳婆守在一个狗肉庄馆前摆烟酒小摊。"那个"庄馆"就是小饭馆,"有四十三只狗腿挂在屋梁上"。北方人也许不是太清楚,我是湖北人,像我们湖北和湖南一带腌的腊肉,从头一年的冬天到第二年的秋天,挂在屋梁上,就靠这样熏。"柜前陈列着六七个酒坛。"这时沈先生说:"可惜,看不见武松、浪里白跳一流的人,到这个铺中来。"这是沈从文一九五六年写的信,他那时回到家乡,这种野性的情绪,一下子就被激活了,他喜欢那种流浪,一直在奔波的生活,对很安稳的生活、很寂寞的生活,他不适应的。他这种东西,还是和他早年的心态相通的。这才是沈从文活生生的性格,他这种不安分还表现在"红黑"中认准一个理不变。他有很执着的一面,很倔强的一面。

很倔强的一面,在他和鲁迅的关系上也表现出来了。

沈从文与鲁迅的关系,因时间较长、历史的跨度比较长,这里不讲很详细,大致的情况讲一讲。

美国汉学家金介甫认为,中国二十世纪最伟大的作家,鲁迅之后就应该是沈从文。这个话,早在二十世纪八十年代,汪曾祺先生就说过,他在文章里也写过。在采访中我问汪老:"你认为在文学史上,沈从文处在一个什么地位。"汪曾祺就说:"除了鲁迅还有谁的文学成就比他更高呢?"他用这种话说,他是限定在小说的创作、文学的创作。现代文学史上至少这两个都是最伟大的作家。他们没有见过面,两个人一直有深深的误会,或者是有过节。这个过节一直没解开。但这个过节开始发生时,是一个非常偶然的事件。

一九二三年沈从文到了北京,一九二五年认识了胡也频,通过胡也频认识了丁玲,三个人都很要好。在这之间发生了"鲁迅误会事件",我在写《沈从文与丁玲》一书时,曾讲述过这样一段故事。

当时鲁迅非常有名,在北京地位很高。经常有些人假冒女学生给他写信。就像当时有一位用欧阳兰这个女性的名字给鲁迅写信,希望得到他的帮助。这时丁玲也给鲁迅写了封信,信中大致内容是说,她是从湖南来的,现在需要帮助,希望能得到鲁迅的指点。鲁迅收到信,看后,那时正好发生欧阳兰事件,觉得怎么又有这样的信,他又不认识丁玲。当时旁边有孙伏园,编副刊的,就说:"哎,这个字体好像认识,像休芸芸的字。"当时沈从文给《民众文艺》写文章的笔名叫休芸芸。因沈从文的字,不是龙飞凤舞的,有点女性的那种特点的很秀气的字。当时孙伏园就说:"休芸芸是男的,不是女的。"

鲁迅当然很生气,然后在给孙伏园的信里用很尖刻的语言,讽刺了休芸芸。信就不在这念了。在鲁迅日记里,鲁迅书信等都有些记载。用一些比较尖刻的语言,对沈从文进行了挖苦。后来丁玲回忆:"听人说:鲁迅收到我信的时候,荆有麟正在他的身边。荆有麟说这信是沈从文化名写的,他一眼就认出沈从文的笔迹。"这时又传来一件事情,胡也频来拜访鲁迅。当时胡也频正好追丁玲,在热恋之中,丁玲不理会跑回湖南了。胡也频也是在编一个文学副刊,另一个认识鲁迅的人就带着他去拜见鲁迅。因为胡也频爱慕丁玲,他名片上便印着"丁玲的弟弟"。鲁迅一下子更生气了。前面刚来个丁玲的信是假的,现在又来个名片是"丁玲的弟弟"。这不是合伙拿我开涮吗?这两件事,都使鲁迅在给朋友的信里,对沈从文讽刺、挖苦得非常厉害。鲁迅给朋友的信,很快也就传开了。一九八〇年金介甫访问沈从文时说:"当时鲁迅与你的事,你是否知道?"沈从文说:"当时就知道了,很快就知道了。"这就使得沈从文对鲁迅有情绪,双方的误会,就成为他们后来一直没有见面的很重要的一个因素。

后来鲁迅很快就知道了实情,知道冤枉了沈从文,他说,看到丁玲真有其人,在北京也混不下去,也很艰难的,大概回到家乡去了。但是他没有对休芸芸表示歉意。这就更加深了沈从文的愤愤不平。

发展到了二十世纪三十年代"京派""海派"论争,这是沈从文引起的,批评当时在上海的左翼作家。举一个例子,如沈从文在一九三一年胡也频去世之后,写《记胡也频》,当时在上海《时报》上连载,开始连载的题目叫《诗人和小说家》。非常巧的是,《时报》连载沈从文的《诗人和小说家》的同时,还连载了巴金的《激流》。这也是文坛上的佳话吧。一个副刊上,同时连载他们两个人的作品。在《记胡也频》里,沈从文第一次谈到鲁迅误会的事件,他不提名地说了这么一句:"同时丁玲女士,又继续了这个方法,用同一式样的纸，写同一式样的字，所以有一次，丁玲女士给人的信，被另一个自命聪明的人看来，还以为是我的造作。"这时候的批评就涉及鲁迅了。这个版本是一九三二年六月初的版本，上海光华书局出版的。一九八四年花城出版社出版《沈从文文集》时，删掉了两段。其中有一段就涉及鲁迅。

当时沈从文在文章中这么写的："用一个泼辣无赖精神，继承了革命文学的骂人兴味，有名为鲁迅负责的《萌芽》。这刊物事实上的编者为蓬子，同他们俩人都熟习。"姚蓬子是姚文元的父亲，是左联的，跟鲁迅编左联的刊物叫《萌芽》。沈从文虽然后来也写过正面地评价鲁迅的文章，但在一九三六年鲁迅去世之前他们没有见面，按说是应该有机会见面的。因为巴金可以成为桥梁，他和鲁迅的关系很好，同时跟沈从文的关系也非常好，这是一个桥梁，应该有机会见面的。他们的作品都在巴金主持的文化生活出版社出版过，但是两个伟大的作家没有见过面。

后来又进一步恶化的原因，就是政治的趋向和政治的立场，这是一个很重要的原因，沈从文是"新月派"，有徐志摩，包括北京的京派文人，这都属于鲁迅所批判的，同时也是左翼文艺所批判的文化圈，而沈从文是徐志摩特别欣赏的。鲁迅从政治的态度，从社会的立场上，各方面来讲，对这些京派文人，包括"新月派"，当然是批评的。

不过，沈从文和鲁迅的这种矛盾，不能简单地说只是政治上的一个区分而造成的，我认为从个人性格上来讲，双方性格的因素，应该说是他们误会产生的一个根本原因，从一开始就形成的。因为鲁迅也是从来不让人的一个人，他对一些不喜欢的东西，挖苦是很犀利的。沈从文同样，就像我们前面提到湘西人的"红黑"，我怕谁呀。他也是不怕的，他觉得他们湘西人认准的事情，是绝对不会去改变的。所以他对鲁迅的态度，在很长时间里也是有距离的、有成见的，但这个成见的产生，是丁玲、胡也频的事情引起的。

鲁迅的伟大在于，尽管在"京派""海派"论争时他对沈从文的一些观点进行了很严厉的批评，但当他谈到二十世纪三十年代中国写得最好的小说家时，里边还提到了沈从文的名字。这就是鲁迅的伟大。

我从历史包括现实接触到沈先生这种性格的不安分，还是很多的。我建议大家看一下一九六一年他写的《抽象的抒情》这篇文章。他在一九六一年已经远离文坛了，远离生活的中心地带已经很长时间了。但他在这篇文章里谈了很多在今天看来仍然有真知灼见的内容，既有思想，又有激情。包括他对个人和社会的关系，专制和个人精神自由的关系，他谈了很多。他前面用很优美的语言谈了一些文学艺术，但后边实际上是历史的思考。一九六一年写的当时没有发表，当然也不可能发表。但是文风和思考与二十世纪三十年代是很相近的。

一九八九年我去凤凰时，听一九八二年接待过他的亲戚讲了一些他最后一次回凤凰的故事。其中一个说，沈先生提出早上要去早市看看。他执意要到菜市场看看，人家说："你年纪这么大，菜市场那么挤，身体挤坏怎么办。"他说："哎！挤一挤才有意思。"那次是黄苗子、黄永玉陪着他一块儿去的。大家犟不过他，第二天还是带他去了，不要旁边人扶他，一个人跟小商贩们挤来挤去。到处看，到处转。

他每次回到凤凰时，就和平常特别不一样。刚才举的是他在二十世纪三十年代、五十年代写的信，谈到充满自信的事，都是他在回湖南家乡的过程中写的。往往他到了湘西，到了家乡，才能找到最初的那种感觉。这种感觉就是与生俱来的那种自信的东西和一种不安分的成分。寻找离奇的感觉，很调皮的性格，很顽皮的东西，很活跃的东西，都能够在这些细节中体现出来。

从前面讲的部分来看，他这种天才的自信和他的性格的不安分是相辅相成的。正因为他充满了自信，所以他才能够按照自己的理解，去生活，去创作，去发表自己对世间万物的看法。正因为他有这种不安分的表现，所以他才能创造出好作品。那些作品反过来又验证了他是一个真正的文学天才、一个文化的天才。

回答提问

傅先生：从李辉的讲座当中，我们看到他一肚子关于现代文学作家的掌故，两个半小时，他只能零星地给我们讲一点，如果大家想了解得更多，我们可以去看《李辉文集》中的《沧桑看云》《是是非非说周扬》《沈从文与丁玲》《萧乾传》等，我们可以去看李辉给我们展现的那种现代文人丰富的、复杂的、深刻的内心世界。现在是提问时间。

女士问：李老师好，沈从文所生活的那个时代，是我们社会非常黑暗的时代，鲁迅又在那个时代毅然弃医从文，从思想上救治我们的国民，沈先生给我们展示的是一幅非常美的画面，有些评论家说："沈从文的文章，社会意义不是特别强。"不知道你是怎样看待这个问题的。

李辉：首先，我觉得教科书上的概念，有时需要辨析。我们过去上历史课，往往是简单的新和旧、黑暗和光明、是和非的概念。实际上，一个社会是错综复杂的。就像我们讲现在是小康社会，很富裕，但也还有大量边远地区的孩子上不了学，需要我们去捐助希望工程。实际上社会总是以多种状况存在的，鲁迅弃医从文是为了救国，沈从文的作品中间也贯穿着很多对国家的关心，对祖国的爱，这是肯定的。一个作品，是否让你感觉到真实反映了时代，我想，是需要考虑那个时代和所处的历史阶段，不能简单地用黑暗和光明来评判的。我对那些简单的教科书式的东西，比较反对。

说他的作品"好像看不出什么社会意义"，这恐怕就是沈从文的成功。因为，他不是单纯地写一个作品，今天工人下岗就写下岗，明天腐败就写反腐败。他对文学的理解是文学是写人性的。人性是在任何时代、任何背景下都存在的。动物有兽性，人有人性。人性和兽性之间，人的身上是否有兽性，这些东西都很复杂的。

他写的"湘行"，是一种美的过滤，这种过滤是有他个人的情感在里面的，是他对人性的理解。他也写了很多他认为不公正的事情，或不人道的东西，或有些违反我们人性的东西，他是从这个角度理解的。我建议你，思考问题尽量摆脱一些简单的政治术语去思考，尤其是对一个作家，要从一个作家的作品本身的艺术价值、人文价值和其他方面来看，不能简单地否定一个作家的社会意义。而沈从文用这种方式，体现了现代中国生活的丰富性、社会的丰富性、人性的丰富性，这才是一个社会永远不变的东西。

沈从文讲过生活就像水、像河一样。河里面绝对是丰富多样的，他绝对不会说水就是矿泉水或纯净水。它实际上是一个混合的东西，很难用一个简单的术语把它划分。我是这个意见。

傅先生：我的一个朋友提出这样一个问题："沈从文与诺贝尔文学奖的关系。"我想好多朋友都很关心这个问题，因为中国到现在为止还没有一个作家获得诺贝尔文学奖，二〇〇二年十二月二十六日，《文学报》上选载了一位瑞典学院院士的一段话："沈从文曾两次进入诺贝尔文学奖终审名单"，他还强调："如果一九八八年沈从文不离世，他会在当年十月，获得诺贝尔文学奖。"您认为确有此事吗？您能顺便谈一下沈从文和诺贝尔文学奖的关系吗？

李辉：这是属实的。我在一九九二年第一次到瑞典，去斯德哥尔摩大学访问，做过一次关于沈从文的演讲，马悦然先生也来参加了，后来我们多次见面。前不久，我曾出过一本海外游记，其中有一篇：《与马悦然谈中国作家与文学现象如数家珍》。其中他也谈到如果一九八八年沈从文不去世的话，非常有可能在那年他获得诺贝尔文学奖。不能说他肯定得，因为诺贝尔评奖在结果没宣布之前，哪个评委都不能说谁肯定能得到。

我想诺贝尔文学奖的评奖有多种因素，一个是当年沈从文的重要作品《边城》还有散文已经译成瑞典文了，而且马悦然先生是最早翻译沈从文作品的瑞典人，他的分量也是很大的。在"文革"之后，一九八〇年沈从文到美国演讲，反响也很强烈，随后，翻译出版他的作品很多。在日本、美国、瑞典及整个欧洲，沈从文的影响都很大。还有一个因素可能获诺贝尔奖，那就是沈从文在很长一段时间里不为中国主流社会所承认，这也使他在海外更加引起关注。"文革"结束后，他重新引起读者注意。他的书在一九八〇年之后开始大量出版，而一九八〇年以前基本没出版。我在上大学时课堂上很少提沈从文,当时王瑶的文学史、田仲济的文学史,都是批评他的。他的作品一九五三年正式下通知不让出版的,都销毁了。一九五七年后才出了个选集。而港、台的研究者对沈从文的评价是非常高的,包括美国的一些学术专著里对他的地位评价都很高。一九八七年、一九八八年沈从文连续两年入选诺贝尔文学奖候补人名单,这几年的中国是最引起西方关注的,包括邓小平上《时代》周刊封面。对一个国家引起关注,有各方面因素,评委们对中国的一个作家投赞同的票,这也是一种可能性。

另外,瑞典人非常喜欢沈从文的作品,因为沈从文那种天人合一的自然美的东西和瑞典人的审美观是很接近的。一九八八年他没有得诺贝尔奖是非常遗憾的。我认为二十世纪,鲁迅去世比较早,沈从文如果能多活一两年,甚至多活几个月,他肯定会获诺贝尔文学奖。他得这个奖,会让更多人感到高兴、感到骄傲,因为在二十世纪的作家中,他的作品确实有综合的文学成就,探索性非常强,有非常超前的地方。但他没得到奖,也不影响他在中国文学史上的地位。

傅先生:上一个百年,中国作家在诺贝尔的领奖席上空缺了,当然,诺贝尔文学奖绝对不会是唯一的一个评判中国作家艺术成就高下的标准。按照余光中先生的说法:"那只是十八个瑞典老头儿的事情。"但是作为中国作家来说,没有获得诺贝尔奖也确实非常遗憾。这有一个朋友提问:作为一个艺术性的作家,需要一种敏感,要情感丰富,但要作为一个男人,写人性的作家,又需要一种高度冷静的态度来看世态人情,你认为如何处理好情感与高度的问题?

李辉:这个问题与沈从文有关系吗?我想还是谈沈从文吧!沈

从文还是比较有节制的，他在追求张兆和时还是很固执的，那种湘西人的坚韧，还是很强。同时他对女性充满着热爱，或是他对美的东西是感兴趣的，女性的美也是他艺术创作的灵感。理性、灵感和激情怎样结合，是要具体分析吧。

女士问：鲁迅的不安定，与沈从文的不安定相比较，这两个作家有什么区别？

李辉：这个问题以前没想过，倒是挺有意思的。鲁迅眼中的人和事，那种悲愤的东西更多些，比沈从文更激烈。我认为鲁迅有时偏激的一面更多些，而沈从文更个人化一些，更艺术化一些。鲁迅的不安分是对中国历史看得更透，他有时有点不被周围人理解，那种东西要多一些。因为我从来没思考过这个问题，很难用简单的几句话讲好这个问题。

男士问：李先生，我看过您的一篇文章中提到：萧乾先生与沈从文先生晚年也有一段误会，但我没看清楚产生的原因，您能说说这事吗？

李辉：这事不是十分钟、二十分钟能讲完的，因为傅先生在萧乾去世之后，写过一篇关于萧乾与沈从文晚年时闹矛盾的文章。萧乾非常感激沈从文的知遇之恩，他的第一篇小说就是在沈从文负责的《大公报》文学副刊上发表的。沈从文包括沈从文的家里人，与萧乾的矛盾，首先是对萧乾抛弃他第一个妻子的不满，沈从文对此有看法。在一九三九年西南联大时，萧乾的妻子"小树叶"王树藏、巴金的夫人萧珊和翻译《呼啸山庄》的杨苡经常在一起，这几个人后来都对萧乾有意见。因为萧乾跑到香港要跟"小树叶"王树藏离婚，这引起了他们对他的不满。每个人的性格、作风也不太一样。从萧

❈ 一九二九年沈从文兄妹四人与母亲在上海合影。左二为沈荃（图①）

❈ 一九三一年沈从文、丁玲在武昌与陈西滢、凌叔华夫妇合影。凌叔华怀抱的是胡也频和丁玲的孩子（图②）

❋ 二十世纪三十年代的沈从文与梁思成

❋ 良友复兴图书印刷公司在一九三四年出版的《记丁玲》（图①）
❋ 良友复兴图书印刷公司出版的《记丁玲》续集（图②）
❋ 《国闻周报》发表的《记丁玲女士》（图③）
❋ 《国闻周报》刊载的《关于〈记丁玲女士〉》（图④）
❋ 丁玲在《诗刊》上发表的《也频与革命》（图⑤）

❋ 黄永玉一九四七年为沈从文小说《边城》所作木刻（图①）
❋ 黄永玉画沈从文故居速写（图②）

❋ 一九五〇年的凤凰城（黄永玉摄）

❈父亲冤死之后，沈朝慧从凤凰来到北京，与沈从文一家相依为命（图①）
❈沈从文在母校听课（图②）
❈十月傅汉思来访（图③）
❈一九八一年二月沈从文在美国斯坦福大学（图④）

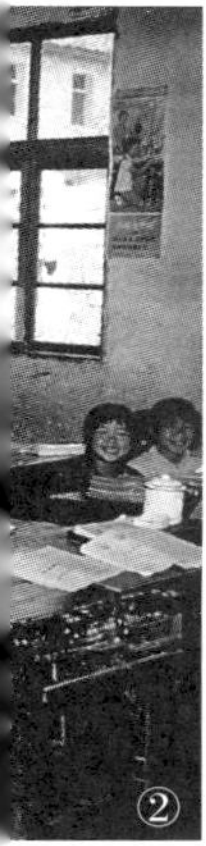

②

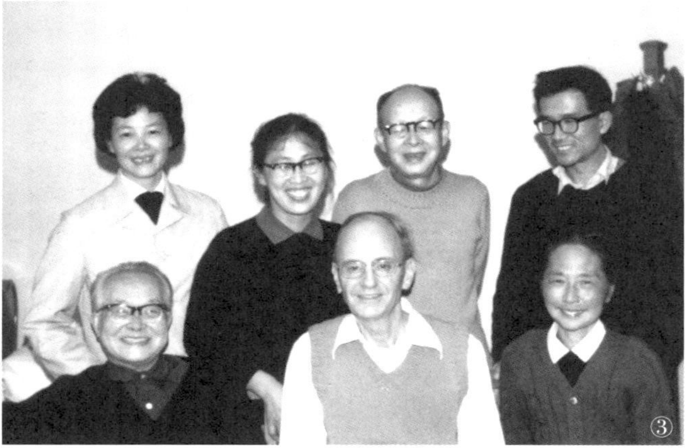

③

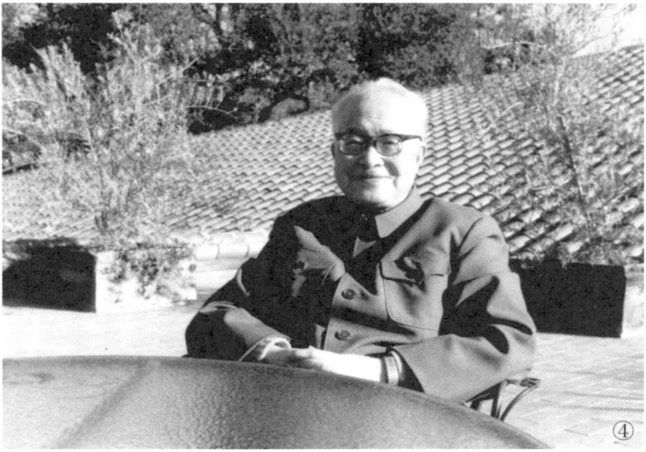

④

❈ 二〇一四年李辉陪同沈朝慧在凤凰拜谒沈从文先生

乾来讲，他从小是个孤儿，从小没有母爱，十岁左右就开始一个人闯荡，所以他的自我保护意识要比别人更多一些。这种情况，在中国这种复杂的政治运动之中，就会让一种人性的负面东西不自觉地表现出来。一九五七年，萧乾被打为右派分子。沈先生也不是圣人，我们也不能把什么人太神化。沈从文对萧乾开始有些距离感，但并不影响来往。我觉得他们之间并不是有不可逾越的障碍，往往是因为一些小事所产生的矛盾。萧乾告诉过我，"文革"后期，他给沈从文写了一封长信，并且要再去见他。而沈从文和张兆和都谢绝了，所以他觉得这也是很遗憾的事情。

在一九八八年四月，我最后一次见沈从文时，开玩笑说："萧乾要来看你，你还赶他吗？"他想了一会儿说："他来看我，我赶他干什么？"回家后，我就给萧乾先生打了个电话，告诉他这件事，萧先生也很高兴。然后还写信告诉了巴金。因为巴金很关心这件事。他们三个人是好朋友。然后我到贵阳出差了。当时约好，等我出差回来和萧乾一起去看沈先生。两周后，我出差回来，沈先生就去世了。后来巴金给萧乾写的信，张兆和给我写的信，也都谈到，他们虽然没有见面，但实际上他们都知道了，这个结已解开了，也和好了。具体的矛盾很复杂。我想应该写这么几本书，如《鲁迅与沈从文》。沈从文与鲁迅为什么会发生矛盾，他们矛盾的过程，以及从中反映出文化史上一些什么东西。还有《沈从文和萧乾》。很多题目要深入去研究。

沈从文和丁玲，我是用了一年多的时间看沈从文的《记丁玲》《记胡也频》。一个字一个字对照看，把他在《国闻周报》发表的原作和二十世纪八十年代《沈从文文集》对照，看他改了哪些东西，删掉了哪些东西，为什么要删掉。哪些是当时国民党图书审查造成的，哪些是因为沈从文后来觉得不合适改的。校勘中我看到了有几百处删掉了，比原作要少三万多字。这要做很多细致的工作，要采访沈从文周边很多人，也就产生了很多不同的说法。就是这样我还有很多问题没谈到，没弄清楚。如沈从文和丁玲，他们产生矛盾的根本原因到底是什么，我写了这本书，到现在我也不明白。在中国的文化背景中，在政治旋涡中的各自的倾向，对他们创作中的一些影响，只能从这个角度谈。

我写了十几年的作品，写人的传记，不是特别愿意写别人的隐私。除非作品中这个细节和他的创作有直接的影响，不谈这个细节对这个作品就无法解释。在这种万不得已的情况下，我才会用这个隐私的东西来引证这个作品，说明这个作家的性格，他为什么要做这件事情。刚才讲，鲁迅为什么和沈从文发生矛盾，这个小的细节你必须要写。其他的能不写的就不写了。

沈从文、萧乾各自写了优秀的作品，需要探讨他们的矛盾和冲突是如何影响了整个创作的，我想我李辉要谈的是这样的东西。沈从文写《记丁玲》《记胡也频》，两个那么好的作品在，你不探讨他们俩的恩怨过程，就没法解释这些作品的内容。因为这样才下功夫。一般情况下，对隐私的东西，我尽量都避而远之，知道得多了，有时也不好。

傅先生：在沈从文和萧乾的恩怨问题上，李辉没写的东西，我给写出来了，我在几年前写过一篇一万多字的文章，写了萧乾和沈从文的恩怨题目叫《萧乾和沈从文：师生到陌路》。当然我也说了，里面的材料来自萧乾一方面的，由他口述的，还有一些文字的材料，包括一九七一年、一九七二年沈从文在干校期间写给萧乾的书信。但是沈从文先生那边怎么说，我不知道，这也是搞史料研究、搞文学研究，一个很困惑的地方，这也是李辉特聪明的地方。他避而远之了，他不谈了。但李辉又特别有福分，结识了非常多的忘年交的朋友，巴金、萧乾、沈从文、黄永玉等，甚至周扬。这些老人在晚年跟李辉述说了非常多的、真实的关于现代文学的故事，李辉把这些故事，变成他自己思想的东西给传达出来，我想他在这方面做了非常有意义、有价值的工作，也有人误解他，说："李辉别的本事没有，光会和老人聊天，陪老人解闷儿。"那么，李辉索性就以这个《和老人聊天》为名，要出一本书。把他好些年来，跟老人们的交往，跟他们聊天和聊天背后的故事等，都写出来。这会是一部非常棒的作品。

男士问：李老师，我想问一下，你想过没有，如果沈从文在新中国成立后，一九四九年或一九五〇年去了台湾，会不会写出更好的作品？因为在台湾你知道是完全不同的一种体制，还有个问题，当初他为什么要留下？或许这个问题有点尖锐，我想要了解一个人，应该从他的各个方面去了解他。

李辉：你提的问题并不尖锐，我觉得很实在。他为什么会留下，我们想不能因为他后来受到冷落或受到批评，他就一定会在台湾受欢迎。因为沈从文从来都不是一个政治的参与者，他是永远在议论政治，永远在关注政治，但他从来没有参与过政治。他是一个职业的作家和教授。他自己讲："我是一个乡下人。"他是用一个乡下人、一个文化人、一个作家的眼光，看中国社会的变化。在他眼里，政治的概念并不清楚。我认为他虽然关注政治，但他是不懂政治的，至少不懂我们中国历史的、现实的政治，在他的作品里，国共两党，这个"党"的概念并不强。他所强调的是政治对生活的影响。如果他是很懂政治的运作、关系、矛盾的话，就不是沈从文了。他就不会发表那种意见，一看解放战争马上要打，还会谈一些"要反对内战，不要有屠杀"的话，他是从战争对生活的影响这个角度谈的。他完全是从不管战争哪方打赢都是对人的生命的残害这个角度考虑的，不是从两党内战的角度考虑的。

他的作品，后来我们大陆禁，台湾也禁。他最早被禁的作品，就是国民党禁的。我研究沈从文的《记丁玲》，就是国民党图书审查委员会审查的。《国闻周报》发表之后，有明显不让见诸文字的部分，全在出书时被删掉。被删掉的几万字是一九三六年出《记丁玲》单行本时删掉的。正因为他不属于任何一个政治派别，他用他个人的眼光在看，所以他的作品一度在台湾也是被禁的。他早期的作品《长河》，看材料介绍，被删的部分是因为国民党政府反对。他在《长河》里写了国民党军队镇压他们湘西的苗人。所以他是从暴力和人性的角度，一直在观察这件事情的。换句话说，第一，他没去台湾，这是肯定的。如果去成，他会不会写什么东西，那就很难说了。按照上述的情形，他在台湾照样也不一定能写。很可能过一段也能写，我们只能做一个合理的想象或判断。既然没有发生，我就没法谈这件事情。如果他到了台湾，也就没有办法做文物研究了，所以大陆的文化、文物所承载的东西，要超过台湾。这样回答，不知对不对。我想，去不去台湾，对沈从文毫不重要。我只强调这一点。

傅先生：新中国成立前，萧乾的文学甚至政治观念，都是受他这个文学师傅沈从文的影响很深的，刚才李辉讲，萧乾和沈从文都是从超阶级、超政治的观点来认识战争的,他不管哪方正义,哪方非正义,只要是战争,他觉得就是屠杀,就是残害生命的,他从这个角度来探讨。我想,我会在一个合适的时候,给大家讲讲萧乾。

男士问:你在讲座中,一直谈到沈从文的艺术,他的艺术到底是什么?文学、美术和音乐,它们都在艺术范畴之内,我看林风眠的画、听音乐、听民歌,不同艺术的介质给人的感触是不同的,有的能让你热泪盈眶。沈从文的艺术价值到底是什么,请您具体地说一下。

李辉:我上午讲得太具体了,抽象的东西太少了。你听音乐,能让你热泪盈眶,这就是艺术。读了这个作品,过多年之后,你还在想这个作品,这就是艺术。艺术的一个重要内容就是感染,它直接的功能就是感染。就像你找女朋友,你说句话,女朋友忘不了,这就是你谈恋爱有艺术。是否可以这样理解呀。沈从文也一样,艺术的东西,就很难讲。有时用一个具体的概念,把一个很空洞的东西表述出来。如音乐好听就是好。宗教艺术就靠宗教的音乐影响宗教信仰,那你说宗教的歌曲或音乐,艺术在哪儿?它感染你,信教了,它的艺术就成功了。沈从文的东西要细看,由于在今天,你看完他的作品,觉得他的语言的表述、节奏,让你在读的时候有很沉静、很舒服的感觉。这就是艺术,又空洞,又不空洞。你感觉到有舒服、有刺激,那都是艺术的某一个方面的功能。

傅先生:最后一个问题吧!女士优先吧!

女士问:李老师好,刚才您在讲座当中提到的更多的是沈先生的个人创作。那沈先生是幸运的,因为他有一个能包容他、近乎孩童般放纵他的人。这个张兆和,无论沈先生的命运有怎样的不确定性,她都能始终如一地耐心、安静地等他回来,有人说他们的爱情是粗布棉袄式的。我想问一下,在沈先生精神有些失常时,他和张兆和之间心灵上有很大的距离,那时他们之间的关系是怎样的?

李辉:我刚才讲了,我特别不喜欢谈个人家里的事,当然有时不说也不行。我认为沈从文和张兆和他们一生的婚姻和爱情,从整体来讲是一个非常美丽的故事。这是肯定的。这是第一点。第二点就是,沈从文、张兆和,应该说是两种完全不同家庭背景的人。沈从文是个野性十足的湘西人,而张兆和是个大家闺秀,是另外一种文化背景。张兆和、张允和、张充和几姐妹都是文化修养相当高的,一个是昆曲专家,一个是中国的书法、文物专家,张兆和本人文化修养也相当高。她当年曾经写过小说,出版过小说集,张兆和的家书也写得非常漂亮,文字也非常好,她的文学修养也是非常高的。这一点,他们俩应该是互补的。他们两人之间也不能说没有矛盾,一辈子也不可能没矛盾。我的《从文家书》编好之后,请张兆和写了一篇后记,后记里有这么几句话。她的几句话更能说明她和沈从文的关系,或者精神上的沟通。

她说:"从文同我相处,这一生,究竟是幸福还是不幸?得不到回答。我不理解他,不完全理解他,后来逐渐有了些理解,但是,真正理解他的为人,懂得他一生承受的重压,是在整理编选他遗稿的现在。过去不知道的,现在知道了;过去不明白了,现在明白了。"

我只摘了一段,几百字的后记写得非常好。黄永玉把这后记誊写下来,刻成石碑,立在凤凰沈从文的墓地上。

我想这个很难用一两句话讲清楚。二十世纪九十年代,我跟张兆和谈过很多次,最早的计划是做一本书《与张兆和谈沈从文》。

我做了一个小笔记本，已经记了不少了。但后来因为手头忙别的事，这个事情就一直没做。为什么没做呢？因为方方面面，涉及的人和隐私大多，做起来也很费劲，有些事情不好讲。沈家有个很好的传统习惯，就是不愿意太张扬，知道了就行了。没必要非要见诸文字，或者把它整理出来。

他们的思想倾向有不同的一面，对生活的看法、对文学的看法等。沈从文的文学成就，张兆和起了非常重要的作用，而且是决定性作用。没有张兆和，可以说就没有《湘行散记》，没有《边城》，包括《从文家书》等。张兆和也是一个不张扬的、很有文学修养的人，在二十世纪五十年代也是一个比较"革命"的编辑。前天我去看她，她的孙女说，前几天，张兆和带过的学生（当年小学六年级的学生）有几个人结伴来看她，为纪念沈从文百年诞辰来送花篮。看见了张兆和，那些学生回忆了很多当时张兆和开导他们的话，怎么革命呀，进步呀！她孙女说："没想到当年奶奶还这么'革命'呢！"在那个时代，这种对社会、生活不同的认识，可能互相会有些影响，或者会互相产生一些作用。至于到底有些什么影响，要进一步探讨，要深入到那个时代去分析。后来沈从文参加"土改"，包括后来他决定写张兆和的堂兄的故事，应该说张兆和对沈从文文学的影响一直是存在的。还有她帮他改信、改文字。有一封信中张兆和就告诉沈从文说："你这个字，老是用错，我给你改过多少次，你还是用错。"她指出的就是沈从文不规范的文字用法。这应该说是一段相知相爱的，而且是互相帮助的美丽的婚姻吧。虽然中间曾经有过一些矛盾或风波，但最终没有影响他们的婚姻，他们一生就这样一起走过来了。在沈先生受冷落时，她也一直与他在一起。在沈从文去世之后，张兆和举全家之力编沈先生的遗稿、整理其书信、出他的全集。张兆和一直在为沈从文做很重要的工作，现在她九十岁，她是一位值得敬佩的老人。

最后再次谢谢大家。

二〇〇二年十二月

‹ 2003 年 ›

幸还是不幸？
——关于张兆和与沈从文的婚姻

❋

时间真快，张兆和老人去世转眼已有半年多了。

一直难忘在她去世一个月之前我最后一次去看望她的情景。那是在沈从文百年诞辰纪念的前几天，衰老的她思维虽不再明晰，记忆也显得模糊，但仍可以本能地与人简单对话。

指着沈先生的一张肖像，问她：认识吗？

"好像见过。"又说："我肯定认识。"但她已说不出"沈从文"这个名字。

我心凄然。衰老与疾病，常常就这样让一个个我所熟悉、所敬重的老人失去旧日的风采。这是规律，残酷而无奈。

老人走了。但她亲切、和蔼的声音，一直留在我的怀念中。我想，它们都已是美好的记忆而不会被取代。

浏览网上沈从文论坛，见到过一份谈论张兆和的帖子，作者认为张兆和根本配不上沈从文，话说得甚为尖刻和激烈，好像沈从文与张兆和的婚姻完全是一个错误，我为之惘然。我不清楚发议论者到底是根据哪些事实得出这样的结论的，两个人结伴而行的漫长旅程和深厚情感，难道就可以这样轻易地被贬损，甚至被抹杀？

理解一个人很不容易,理解一个家庭的婚姻更加不容易。记得黄永玉先生写过这样的话:婚姻就像穿鞋一样,舒服不舒服只有脚知道。这话说得好。

我曾做过一次关于沈从文百年诞辰的演讲,在回答听众提问时,我谈到了对沈从文与张兆和婚姻的理解。一位听众这样提问:

沈先生是幸运的,因为他有一个能包容他近乎孩童般放纵他的人,这个张兆和,无论沈先生的命运有怎样的不确定性,都能保持始终如一的耐心,安静地等他回来,有人说他们的爱情是粗布棉袄式的。我想问一下,在沈先生精神有些失常时,他和张兆和之间心灵上有很大的距离时,他们之间是怎样的关系?

我作了这样的回答:

我认为沈从文、张兆和他们一生的婚姻和爱情,从整体来讲是一个非常美丽的故事。这是肯定的。这是第一点。第二点就是,沈从文与张兆和,应该说是两种完全不同家庭背景的人。沈从文是个野性十足的湘西人,而张兆和是个大家闺秀,是另外一种文化背景。张家的张兆和、张允和、张充和几个姐妹,文化修养相当高,一个是昆曲专家,一个是中国的书法、文物专家,张兆和本人文化修养也相当高。

张兆和当年曾经写过小说,出版过小说集,张兆和的家书也写得非常漂亮,文字非常好,她的文学修养也是非常高的。从文化背景来说,我觉得沈从文与张兆和是互补的。当然,从家庭生活来说,他们两人之间也不能说没有矛盾,一辈子也不可能没矛盾。

一九九三年我曾请张兆和先生和沈公子虎雏先生编选了一批沈从文的书信,这就是后来出版的《从文家书》。编好之后,我还请张兆和写了一篇后记,里面张兆和有这么几句话,很能说明她和沈从文的关系，或者说精神上的沟通：

> 从文同我相处，这一生，究竟是幸福还是不幸？得不到回答。我不理解他，不完全理解他。后来逐渐有了些理解，但是，真正理解他的为人，懂得他一生承受的重压，是在整理编选他遗稿的现在。过去不知道的，现在知道了；过去不明白了，现在明白了。

几百字的后记写得非常朴实、简洁而又真诚感人。

很难用一两句话就能讲清楚张兆和与沈从文的关系。二十世纪九十年代，我跟张兆和谈过很多次，最早的计划是做一本书《张兆和谈沈从文》。我做了一个小笔记本，已经记了不少了。但后来因为手头忙别的事，这个事情就一直没做，为什么没做呢？因为方方面面，涉及的人和隐私太多，做起来也很费劲，有些事情也不好讲，不便公开。沈家有个很好的传统习惯，就是不愿意太张扬，知道了就行了。有些事情没必要非要见诸文字，或者把它整理出来。

他们互相之间的思想倾向，对生活的看法、对文学的态度可能有不同的一面。但对沈从文的文学创作，张兆和起到了非常重要的作用，而且有时是决定性作用。没有张兆和，可以说就没有《湘行散记》，没有《边城》，没有《从文家书》等。

张兆和是一个不张扬的很有文学修养的人，在二十世纪五十年代她也是一个比较"革命"的编辑。前天我去看她，她的孙女沈红告诉我：前几天，张兆和教过的学生（当年小学六年级的学生）有几个人结伴来看她，为纪念沈从文一百周年诞辰来送花篮。看见了张兆和，那些学生回忆了很多当时张兆和开导他们的话，怎么革命呀，进步呀！她孙女说："没想到当年奶奶还这么'革命'呢！"

在那个时代，这种对社会、生活不同的认识，可能互相会有些影响，或者是互相产生一些作用。至于到底有些什么影响，哪些是积极的，哪些是消极的，要进一步探讨，深入到那个时代去分析。

沈从文一九五〇年去参加"土改"，包括后来他计划将张兆和的堂兄的故事写成一部长篇小说，这都应表明张兆和对沈从文的影响是一直存在的。还有，她帮他改信、改文字。有一封信中张兆和就告诉沈从文说："你这个字，老是用错，我给你改过多少次，你还是用错。"她指出的就是沈从文不规范的用法。这应该说是一段相知相爱的，而且是互相帮助的美丽的婚姻吧。虽然他们之间曾经有过一些矛盾，甚至有一次风波，但最终没有影响他们的婚姻，他们一生就这样一起走过来了。在沈先生受冷落时，张兆和一直陪伴着他。沈从文去世之后，她又举全家之力整理沈先生的遗稿，编选书信和全集。应该说张兆和一直在为沈从文做很重要的工作，一直做到她九十岁。从这一点上说，她也是一位值得敬佩的老人。

那次演讲之后不到一个星期，张兆和突然病危住进了医院，再也没有出来。

我相信她是带着满足离去的。在生命的最后时刻，她毕竟看到了《沈从文全集》的出版，度过了沈从文的百年诞辰纪念。

不再有什么遗憾了。久别的沈从文在远处等着她。

二〇〇三年九月二日，北京

补记：

此文写完后，我传给一位喜爱沈从文的友人，他在信中这样谈了他的意见：

细细读了您的文字，感觉得出您下笔时的一些顾虑与感受，其实就我这样的普通读者来说，只要他们的感情感动过我，就够了——无论是年轻时的纯美，抑或是白头时的宽容与理解。

很认同李老师的看法，关于张兆和，记得曾和几位说张兆和不是的朋友争辩过，这两人都是让我尊敬的。

"没有张兆和，可以说就没有《湘行散记》，没有《边城》，没有《从文家书》等。"——应当是这样的。

忽然想起以前看过的一段文字，十分喜欢，甚至再读时会掉泪，我个人觉得对这两人的感情来说，这一段胜过一切辩解，无论是对沈从文，还是对张兆和先生。

张允和在《水》上的文章《从第一封信到第一封信》中，以见证人的身份，记述了沈从文与张兆和执着相恋的种种细节，时间跨度近五十年。有一个镜头令人难以忘怀：一九六九年冬天，即将下放的前夜，在凌乱得难以下脚的屋中，七十岁的沈从文找出了珍藏着的张兆和写给他的第一封信，他把它放在怀中温热许久，又小心地放进衣兜里，口中还喃喃着"这是三姐（张兆和）的第一封信，第一封信"，同时唏嘘不已。

补记于二〇〇三年九月十六日

‹ 2004年 ›

《沈从文与丁玲》自序

　　《沈从文与丁玲》完成于一九九〇年，初版时书名为《恩怨沧桑——沈从文与丁玲》（百花文艺出版社）。现在来看，这一书名并不理想，显得颇为空泛。有朋友建议，不如就叫《沈从文与丁玲》更好，明确而朴实。我心想，这是一个不错的建议，故新版定为此名。

　　最初，并没有计划写这样一本详尽地讲述两位著名作家交往史的著作。一九八九年下半年，最初我只是在姜德明先生的建议下，找出当年连载沈从文《记丁玲女士》的《国闻周报》，对照着单行本进行校勘。当时，写作计划停顿且有些茫然，我想借这样一种坐下来在图书馆细心校勘的方式，让自己沉静下来。未曾想到，校勘中我看到了许多年前生动的历史场景，看到了两个作家个体生命在时代大变革中发生的复杂变化，而这种变化又折射出了整个知识分子群体的分化、矛盾甚至对立。

　　于是，有一天，校勘最终诱发我开始追寻这两个作家的交往史，试图一一梳理漫长六十年间他们由相识、相助、合作、友好到隔阂、淡漠、矛盾、反目的全过程，描述他们那一代知识分子的苦闷、彷徨、奋斗、抗争乃至寂寞、磨难等。

　　在校勘和阅读相关史料的同时，我开始了采访。在采访过程中，我得到了沈从文先生的夫人张兆和女士、丁玲女士的丈夫陈明先生的帮助；冰心、巴金、施蛰存、萧乾、赵家璧、唐弢、徐迟、刘祖春、汪曾祺、林斤澜、姜德明等前辈，以书信或接受访谈的方式，为我提供帮助；邵燕祥先生不仅为我提供细节，还细心校阅我的部分初稿……没有他们的关心和帮助，我的追寻显然是难以实现的。

这些年里，一些帮助过我的老人先后故去，在此，谨向他们表达我深深地感激和怀念。同时，祝愿健在的前辈和友人健康、愉快！

此次新版，正文仅做少许修订，但增加了部分附录。附录主要包括与主题相关的史料、采访过程中得到的部分书信、围绕本书发生的故事等。希望这些附录，能够使读者多角度地了解历史背景。这些年，我仍在不断收集相关的史料，故在新版中增加了不少历史图片，相信它们的加入能补充文字难以表达的历史信息，一本十五年前的旧作或许因此有了更多更新的阅读价值。

转眼间十五年已成过眼烟云。

以往研究历史时，常常觉得八年、十年、十七年……好像它们都是一个个漫长的时间段。可是，当自己亲历了这样一个十五年之后，忽然发现，即便十五年但实际上感觉却是很短，很短。世事变化已与当年迥然相异，当年的追寻忽然间也成了此刻的追忆。时间如此无情，记忆难免忧郁，除了感叹，还有什么呢？

二〇〇四年九月二十一日，北京

‹ 2007年 ›

干校迁徙与沈从文的木板

一

"那块木板又找到了!"

一见到我,雕塑家刘焕章眉毛扬起,总是显得特别有神的眼睛,瞪得更大更圆,亮得喜人。

木板与沈从文相关,刘焕章是沈从文先生的侄女婿。岁月流光碎影中,木板支离漂泊,机缘巧合,最终旅行到他的手中,怎能不让他诧异而激动?

一九八五年,刘焕章应邀到香港举办展览,其雕塑作品需要木箱装运。当时,木材尚属计划调控物资,市场上难以买到,中国美协为此特批一批木材,供刘焕章制作箱子。木材运至美院,才发现木板过厚。正好仓库里有一批十年前从历史博物馆运来的旧木板,其尺寸较为适合,于是,遂以新木材与之交换。

展览结束,展品从香港运回北京。过了几年,才将木箱拆开。忽然,刘焕章发现有两块旧木板的内侧各有字迹。一块上面由毛笔直接书写,另一块上面贴着写好的纸条。内容都是"丹江文化部办事处沈从文"。一辨认,竟全是由沈从文本人书写的。

木板显然是沈从文一九七一年在五七干校劳动期间使用过的。据《沈从文年表简编》(《沈从文全集》附卷)，沈从文于一九六九年十一月三十日离开北京，下放至位于湖北咸宁的文化部五七干校劳动。一年多之后，一九七一年八月二十一日，与张兆和同车抵达丹江。约半年之后，一九七二年二月，七十岁的沈从文获准回京治病，离开丹江，从此不再前往。木板上的地址，应是他在离开咸宁之前，在装运行李的木箱上亲笔写下的。但木箱以何种方式、何时回到了北京，又如何被拆开从历史博物馆运到中央美院，堆放在仓库里，均不得而知。

然而，木板毕竟与沈家有缘，分手十几年后，谁料想它们又走了过来。当刘焕章发现留有当年墨迹的木板重现时，沈从文已经去世，他没有机会得知这一巧合。

普通木板，伴随着一代文豪漂泊迁徙，贴近过一位老人的困惑、焦虑，在亲友的眼里也就多了一份亲切，在我的眼里则多了一些历史意味。

二

一直想集中研究二十世纪七十年代"文革"期间沈从文等知识分子在五七干校的生活，那是文化史重要的一页。知识被贬斥，人格被扭曲，精神被阉割，众多学者、作家、艺术家在所谓劳动中消磨才华，虚掷热情，荒废生命。惨痛的一页醒目地书写在史册上，要想人为地遗忘、撕去，恐怕很难。

沈公子虎雏先生编撰的《沈从文年表简编》，详略妥当，叙述得体。其中，关于二十世纪七十年代初沈从文在五七干校期间的活动，有如下记述：

一九七〇年

七月下旬，沈从文致函历史博物馆革命委员会领导，提出在此"消极的坐以待毙，不是办法"，要求"让我回到那个二丈见方原住处，把约六七十万字材料亲手重抄出来，配上应有的图像，上交国家，再死去，也心安理得！"他得到革委会领导劝告："你那几份资料，希望你自己能一分为二来看待，那是还没有经过批判的……"

一九七一年

一月一七日，再次致函干校连队领导，请求准许回京治病，无答复。

二月八日，致函干校连队领导，重申回京治病请求："与其在此如一废物，近于坐以待毙，不仅我觉得对国家不起，从国家说，也极不经济……权力名位对我都无所谓"，只因"可用生命已有限……尽可能争取一年半载时间，将一些已改正，待亲手重抄工作抄出来，上交国家"。请求未获答复。

可怜而无奈！研究"文革"时，我一直为知识分子在干校的窘状感到痛心，沈从文请求工作而不得，又多了一个佐证。

钱锺书当年在干校，听说第一批被遣送回京的老弱病残人员名单中有他，便悄悄告诉杨绛，杨绛"喜出望外"。收拾行李，焦急等待动身时刻。谁知名单公布时却没有钱锺书。两人的沮丧可想而知。在《干校六记》中杨绛把它写进了"误传记妄"。一九七二年三月，他们俩终于出现在又一批回京老弱病残的名单上。杨绛写得生动："而看到不在这次名单上的老弱病残，又使我愧汗。但不论多么愧汗感激，都不能压减私心的祈喜。这就使我们自己明白：改造十多年，再加干校两年，且别说别人企求进步我没有取得，就连自己这份私心，也没有减少些。我还是依然故我。"

钱锺书、杨绛是在中国科学院哲学社会学部（今中国社会科学院）位于河南息县的五七干校。我收集到一些关于这所干校的材料，其中有一份为干校一年的总结，题为《继续革命，在光辉的五七大道上乘胜前进！》。总结为油印件，署名为"哲学社会科学部五七干校"，时间为"一九七〇年十一月四日"。在这份总结中，我读到了一段关于中国哲学史学者任继愈的叙述：

> 原宗教所副所长任继愈开始背粪筐也觉得不好意思，拣粪只拣牲口粪，一次碰到一堆人粪，拣不拣？他在粪边徘徊了一阵，这时，他想到毛主席这样一段教导："最干净的还是工人农民，尽管他们手是黑的，脚上有牛屎，还是比资产阶级和小资产阶级知识分子都干净。"毛主席的教导使他豁然开朗：原来不是粪脏，而是自己的思想脏。他克服了怕脏的思想，终于把粪拣了起来。他又想：广大贫下中农为了多打粮食支援世界革命，想方设法多积肥，从不想到粪脏，自己却一事当前，先替自己打算，和贫下中农相比，自己的思想境界差得太远。他写了一首诗表达自己改造世界观的决心，其中两句是："关山千重从头越，贫下中农是吾师。"劳动的劲更大了，世界观改造的要求也更严了。

即便是正面肯定的表扬,读来也让人心酸。

在这批材料中,另有任继愈一九七一年三月十九日写给干校领导的一封请求信。从信中内容看,任继愈从干校被派到农村插队,他请求能在轮换时把他换回干校。信中说:"下来后,向贫下中农学习,向当地干部学习,加强劳动锻炼,这些方面还是自觉地按照干校的指示去做,也还有些收获。只是工作上有困难,再拖下去,对这里的整党建党工作怕有妨碍,与其贻误工作,不如早日调回。自己很不安的是没有完成领导交给的任务,愿意接受批评甚至处分。"

沈从文请求回京,任继愈请求返回干校,怎一个"求"字了得!心情与角色或许有所不同,但在大的历史背景中,可怜而无奈却是相似的。

三

沈从文在咸宁文化部五七干校期间负责看菜园,但仍钟情文学,念念不忘因"文革"爆发而戛然中断的古代服饰史研究。他在地铺上写旧体诗,尝试新的写作形式;他致函历史博物馆领导,希望回到北京参加博物馆"通史陈列"的修改。据《沈从文年表简编》叙述,他在信中说,在此"消极的坐以待毙,不是办法",要求"让我回到那个二丈见方原住处,把约六七十万字材料亲手重抄出来,配上应有的图像,上交国家,再死去,也心安理得"!

他得到了回答——"你那几份资料,希望你自己能一分为二来看待,那是还没有经过批判的……"当他和张兆和一起离开咸宁前往丹江时,回北京开始研究的期待,对于他仍然只是一个梦。

丹江——对于我这个湖北人来说,实在是太熟悉的地方了。

二十世纪六十年代，位于汉水上游的丹江水库建成，在湖北可是一件了不起的大事，当时，它也是全国的大型水库之一。因有了这个水库，特地将汉口通到襄樊的铁路继续往西，直通丹江，简称"汉丹线"，其重要性可见一斑。

决定把咸宁干校的一批老弱病残者转移到丹江，是在一九七一年七月初。张兆和先行到丹江打前站。她在七月十五日从丹江给儿子虎雏和儿媳之佩写信说：

> 我七日动身，八日午前到达丹江。这次走得很快，一日宣布老弱病残来丹江名单，开座谈会。第二天我到双溪，因为是干校根据中央机关五七干校会议纪要精神，落实毛主席两个指示，我想是统一布置的，没想到他那里毫无动静。三日为爸爸洗床帐、衣服，晒棉衣、棉被、棉鞋，全上了霉。下午得到连部电报，要我在四日赶回。回连后开了学习班，整理行装，七号早晨就离开下放一年零九个月的向阳湖了。这次文化部五七干校，将送来丹江三百五十人。说得很清楚，不是退休退职，不是甩包袱，因为这些人不适合于在生产第一线，转移一个地方，为了将来更好的继续革命。党对于干部工作人员负责到底。到这里以读书和休养为主，兼做力所能及的劳动。爸爸早先只想回北京，希望没有能达到，这次我一说他就同意来，并且要我先来，随后他们连部动员时我再回双溪接他，料理搬家。我们干校五个大队，只有我们第四大队动得最快，赶在"双抢"之前送走我们。

在张兆和先行抵达丹江之后，沈从文仍在咸宁干校里劳动。当年湖北推广双季稻，七月中旬正是晚稻插秧时节，他参加了插秧。

有意思的是，在七月十九日写至丹江的家书中，他没有诉说酷暑中的艰辛，而是饶有兴趣地向张兆和描述乡下孩子引发出的他对童年生活的回忆，以及对当前教育存在问题的担忧。他在信中写道：

> 昨晚约四十干部下田插秧时，一大群孩子均坐在田埂上看热闹，可爱得很。事实上我似乎也就是这么长大的，甚至于比他们还野得多，因为在小乡城里看杀猪、杀羊、杀牛、破黄鳝、做棺材、雕佛像、做炮仗、染布、绞绳子、织网布，以及十里八里外去参加和龙街子式各种各样的乡场，玩着草龙抬着戴柳条圈的母狗去各处乡下求雨，让人用沺水倒了一身再下到河中去捉水蛇，比坐下来读读经书或"人手刀尺"可丰满得多！可惜的是现在乡下孩子，野的机会已不多了，所以兴趣也极窄。在小学三年级，即作论文或"斗私批修"，也可说是教改中的一些小问题，可是却涉及以亿计的思想和感情！大家多觉得大学教改有必要，问题又极复杂。还少有人在《红旗》上做文章，谈小学和初中语文教学问题。事实上一到乡下和教师学生稍有接触，即可明白问题比大学更迫切要改，不然，初中毕业，很少学生会自动看报的。

记忆如早年的《湘行散记》和《从文自述》一样，依然活泼而富有色彩。对教育的忧虑似乎显得有些"迂"，颇为不合时宜，但也从另一个角度反映出以往他常常表现出的忧患意识和喜欢评说现实的入世态度，其骨子里依然是文人的精神自由。汪曾祺在谈到二十世纪四十年代沈从文就妇女运动参与讨论的往事时，曾对我说"他就爱多管闲事"，在干校里的沈从文无疑依然故我。不同的是，此时没有公开发表看法的空间，他只能在家书中随意发挥罢了。

不过，他的这种状态当时恐怕很难为人所理解，即便妻子也不例外。张兆和一九七一年七月十五日在丹江写给儿女的一封信中，曾这么说："爸爸长期'三脱离'，过着孤寂的生活，脑子里想的，往往和现实格格不入，跟不上形势发展。他害怕过集体生活，欢喜自由自在，我却觉得更可怕的是长期'三脱离'。"多年之后，却让人感到，他的这种状况恰恰真实反映出一个天才艺术家在艰难处境中的特立独行。

沈从文谈论教育的信，应是在离开咸宁干校之前写给张兆和的最后一封信。不到一个月，他就该离开这里，前往丹江了。

四

从儿时起，我就熟悉了丹江的地名。

我的家乡在湖北随县（今改为随州市），我有十年时间居住在汉丹线上的一个小镇——唐县镇。记得一九六四年左右，随着汉丹线修到唐县镇，远在西北方向几百里之外的丹江，顿时成了与我们有关的地方。曾经陌生的这个地名，一度被我和小伙伴们天天挂在嘴上。那一年，我刚刚八岁。

我们家住在距镇子几里远的公路旁边，因依傍公路大桥，这个公社也就被命名为大桥公社。每至放学后，我总爱跑到公路大桥上玩耍。数开过的汽车——多是运货卡车，往襄阳、丹江口方向的运日用品，往武汉方向的运木材；看桥下的河水——它一年四季流淌不息，夏季水大时可以跑船，一直驶入汉水，直达武汉，冬天清澈见底，从桥上甚至可以看到鱼在水中闲游。

铁路修到河边，看得最多的当然就是修铁路桥了。铁路桥桥址在公路桥和镇子之间。在我们好奇的目光注视下，一个又一个桥墩从水底渐次露出来，再慢慢向上挺拔而起。安装桥梁时，我们特地跑上几里地，去看大吊车这个庞然大物如何把桥梁预制板吊起又放下。在我们将近一年时间的注目下，大桥架好，铁轨一节一节向前延伸而去。

很巧，铁路刚通到襄樊，"文革"就爆发了。于是，十岁的我，得以有机会成天与伙伴们拥挤到铁路旁，看"大串联"的红卫兵挤在车厢里高歌、高喊，不时撒出一叠油印传单，红的，绿的，黄的，飘洒而飞。我们追逐火车，争抢飘在空中的传单，比赛看谁的战利品最多。

再过几年，我们家搬到县城，住在火车站附近的山坡上。每日上学，我穿过铁路，走进城里的学校。感觉，来来往往的火车，永远是我亲近的朋友，它们把我的向往带得很远。那时，我总想，要是能坐上火车到远方去，该多好。

当年从咸宁到丹江，无论铁路或公路，随县都是必经之地。沈从文当年迁移时，乘坐火车前往丹江，路过的正是我家附近的火车站。

离开咸宁干校前，张兆和特地从丹江赶来帮助沈从文收拾行李，沈从文在写给虎雏的信中，详细叙述了他们迁移前的准备和最初的行程：

这次迁移，因妈妈四号即到了双溪，有四五天安排，十一号图博口又来了四位少壮同志为扎行李，所以下午上卡车前，妈妈还在比较从容情形下，为帮忙同志做了四样菜，买了五瓶啤酒，煮了卅个盐茶蛋，吃个饱饱的。行李交车站后，我们即洒脚洒手转回中转站，一住九天。有几天温度还在四十度左右，但是迁移事总算有了归结，就只等待到丹江后取行李了。

在他托运的行李中，应该就有标明"丹江文化部办事处沈从文"字样的木箱。

沈从文一九七一年八月二十五日自丹江致信虎雏：

我十一号坐机关卡车到咸宁县文化部中转站，原说十五号过丹江，不料和妈妈直到廿，才听说图博口有十多人到了火车站，有同事来通知，才一同到车站。下午四点多开车，六点到武昌，等十点坐丹江车。在等待中我们还从从容容乘了无轨电车到大桥西端，再回头慢慢走过大桥。正值傍晚，有微风，天气不热，所以走了约四十分钟才到桥南，饱看三镇夜景，人也不太累。上车给了我一个卧铺，独一的。

沈从文乘车途经随县前往丹江的那一年，我十六岁。或许，那一天，我所打量过的某列火车，装载的正是他和他的行李木箱。匆匆东来，又匆匆西去。没有想到，许多年后，那一年他所经历的故事，成了我追寻的历史场景。

刘焕章、沈朝慧夫妇第一次向我讲述木板机缘的故事，还是在一年多之前，当时，他们正为木板后来又不知去向而懊丧。还说，要是早些认识我送给我就好了。

机缘仍在。二〇〇六年夏天，他们的房子改造所有老式暖气，拆除设备时，贴有纸条地址的那块木板，忽然间从管道缝里露了出来。尽管另外一块仍暂无踪迹，但已足让他们高兴了。

"这块木板送给你吧!你研究那段历史,一定感兴趣。"他们热情地说。

从此,在我的各色各样的史料收藏中,多了一个特殊的礼物。

刚要停笔,忽然想到,再过几年,南水北调工程一旦完工,丹江水库的水就将成为北京人的水源之一。到那时,丹江和北京真的要连为一体。可惜,早已去世的沈从文,无缘重饮丹江水了。

二〇〇七年七月,北京

转折之际

一

沈从文先生去世三个月后,一九八八年八月十六日,黄永玉先生在香港完成了长篇散文《这些忧郁的碎屑——回忆沈从文表叔》。这是他继《太阳下的风景》后第二篇关于沈从文的长文。如今,这两篇散文,堪称描写沈从文的精彩文字。

在《这些忧郁的碎屑——回忆沈从文表叔》中,黄永玉写道:

一九五三年以前,我住在香港,一直跟表叔有书信往来。除我自己的意愿之外,促使我回北京参加工作的有两位老人,一是雕塑家郑可先生,一个就是从文表叔。由于我对于共产党、社会主义建设的向往,也由于我对两位老人道德、修养的尊敬和信任。最令我热血沸腾的是,我已了解到从文表叔当时的处境很坏,他的来信却是排除了个人痛苦而赞美共产党和新社会。他相信我比他年轻,因而能摆脱历史的因袭,为新社会贡献所长。道理十分通达易懂,真诚得比党员同志的劝谕更令我信服。

可惜所有的通信,那些珍贵的蝇头毛笔行书,都在"文化大革命"中烧毁了。

令人惋惜的烧毁。这就难怪《沈从文全集》书信部分百万字之多，除收录一封写给黄永玉夫人梅溪的信之外，沈从文写给黄永玉的信却无一封。我们只能根据黄永玉的转述，略为了解沈从文在历史转折之际的思想变化。不过，我一直心存侥幸，希望某一天发现新的史料，可以从中具体了解到沈从文对黄永玉人生道路选择的直接影响，从而也就为计划写作的黄永玉传记补充重要内容。

期待没有落空。

二

二〇〇七年七月，香港时代广场举办黄永玉先生的一个大型艺术展，以故乡凤凰为主题。主办方邀我前往，并在一次座谈会上就相关话题与香港观众交流。我欣然与黄先生同往。

位于香港铜锣湾的时代广场，一时间似乎成了凤凰与黄永玉的世界。室外场地上，由主办方精心搭建的凤凰古城的建筑景观，与陈列的黄永玉雕塑相辉映。室内二层偌大的大堂，被布置成了别开生面的展厅。室内主要为绘画作品，且大多描绘故乡风景。展板上方，特意设计成凤凰古城灰黑格调为主的屋顶翘檐，数十块展板交错排列，远处望去，恰如凤凰那一番老巷屋顶鳞次栉比的景象。

黄永玉生平图片展览中，他与故乡凤凰、与表叔沈从文的关系，是极为重要的内容。站在两人的合影前，我不由得想到，这一次展览实际上有着特殊的历史意味。

黄永玉在香港举办第一次展览是在一九四八年，距此次时代广场展览正好六十年。正是在第一次展览举办之后，一个新时代的来临，让沈从文和黄永玉两代凤凰人一起站在了重要的历史转折点上。前者，旧与新以不同方式影响着他。他因过去种种而徘徊、惶恐、焦虑，随之精神失常，难以自控，竟然选择自杀试图摆脱痛苦。后者则始终关心与关注着表叔的一切。显然，前者的情绪发展，对未来生活道路的选择，势必影响后者在香港的去留。

六十年已然过去。在此次展览的开幕式上，黄永玉迎来了他的老朋友查良镛（金庸）先生。吃饭时，黄永玉指着身旁的金庸对大家说："他比我大几个月，今年都是八十四岁。但那时我们都叫他小查。"金庸笑笑，说："现在恐怕没有几个人叫我小查了吧？"

那时——即六十年前。原来，一九四八年后，黄永玉与金庸都在香港《大公报》工作，前者为副刊工作，后者则负责翻译外电进行时事报道。他们曾同在一个办公室。当时他们都是二十几岁的年轻人，如今则以各自的成就而享誉海内外，他们在《大公报》的共事经历，可算是香港文坛的一段佳话。可惜，尚无人以此为题将之描述出来。

黄永玉回忆说，他于一九四八年年底从台湾抵达香港后，即由左翼文艺界领导安排，帮《大公报》副刊画插图和题花。虽非《大公报》职员，但每日均到报馆上班。后来，还参与了《新晚报》的创刊。当年，兴趣所致，除继续创作木刻作品外，他还开始撰写美术评论和散文，包括图文相配的连载等。当时编辑《大公报》"大公园"副刊的，是后来以罗孚、柳苏等笔名而著称的罗成勋先生。黄先生早就告诉过我，在一九五三年离开香港到北京之前，他曾在《大公报》及《新晚报》上以黄永玉、黄笛、椿屋大郎、张观保等笔名发表木刻、散文、美术评论等。就在此次宴席上，我决定利用在香港的几日时间,去查阅一九四九年至一九五二年之间的香港《大公报》。我希望能有所发现。

在《大公报》总编辑周庆先生的关照下,承蒙《大公报》资料室的热情帮助,搬出了这几年的老报纸供我查阅。几个下午与晚上,我在故纸堆里消磨时光。幸运的是,一页一页地翻阅,竟有了不少收获。除搜集到黄先生的不少作品外,另外一个重要的意外发现是沈从文于一九四九年七月十六日写给黄永玉的一封长信。该信以《我们这里的人只想做事》为题,发表于同年八月十一日《大公报》上。

沈从文写此信之时,距一九四九年三月二十八日他自杀获救不到四个月。由沈公子虎雏先生编撰的《沈从文年表简编》称,沈从文一九五〇年六月十二日在《光明日报》发表《参加北京市文代会筹备会以后我的感想——我的检讨》,"这是他一九四九年后首次发表的文章"。那么,《我们这里的人只想做事》一文的发现,无疑填补了一个空白,它应是沈从文一九四九年公开发表的唯一一篇作品,且在他的人生发生巨变之时。它是沈从文在历史转折之际的情绪与生活的特殊记录,同时,对了解黄永玉的人生轨迹变化,也有着特殊意义。

三

走进一九四九年,黄永玉在香港一直牵挂着沈从文的安危。

此时黄永玉俨然已是香港左翼文艺界的一名年轻而生机勃勃的成员。他所参与工作的《大公报》,在一九四八年下半年开始放弃以往非党非派的独立性,宣布接受中国共产党的领导。如担任《大公报》社评委员的萧乾先生所说,在《大公报》名记者、中共地下党员杨刚的策动下,《大公报》宣布"起义",成为革命阵营的报纸。

年轻的黄永玉投身于革命之中。在香港,他周围活跃着一批中共文化界领导人和著名左翼人士,如聂绀弩、楼适夷、王任叔、司马文森、张天翼、蒋天佐、臧克家等,而编辑《大公报》"大公园"副刊的罗孚,本身就是中共地下党员。在这样的文化圈子里,黄永玉为新时代的来临而兴奋,他回忆说,他当时精力充沛,有使不完的劲儿。

沈从文则截然不同,他处在历史转折重新选择的关口。左翼文化界对沈从文的批评,多年来或重或轻一直没有停止过。以前的论争大多局限于文艺观点的分歧,但一九四六年后,随着国共两党全面内战的爆发,沈从文发表了一些批评内战的文章,因此被左翼文化界视为"反动文人",随着新时代的一天天接近,对他的批评就自然而然变得愈加激烈。

对沈从文的猛烈讨伐,是由香港的左翼文化界发动的,最有影响的莫过于郭沫若的檄文《斥反动文艺》。身在香港的黄永玉,当然能够感受到"山雨欲来风满楼"的氛围。

黄永玉这样描述当时的情形:

> 解放前夕,他写过不少信,给我报告北京的时事以及自己当时的感想。他直率地表示不了解这场战争,要我用一千、一万、十万张画作来反对这场让老百姓流血吃苦受罪的战争。我觉得自己的认识在当时比他水平高一点,能分清什么是"人民战争"和其他不义战争的性质。何况打倒国民党蒋政权反动派是当时有目共睹的好事,除了共产党和解放军,谁有本领做这种事呢?说做,不就成了吗?
> (《这些忧郁的碎屑——回忆沈从文表叔》)

在《这些忧郁的碎屑——回忆沈从文表叔》中,黄永玉凭记忆摘录沈从文写给他的一封信:"北京傅作义都已成瓮中之鳖,长安街大树均已锯去以利飞机起落。城,三四日可下,根据过往恩怨,我准备含笑上绞架⋯⋯"

二十世纪九十年代初,我曾就沈从文与丁玲的关系之事访问过楼适夷先生。在谈到一九四九年前后的情况时,他曾说道:"当时我和黄永玉都在香港,听说沈从文害怕将来无路可走后,就要黄永玉写信告诉沈从文:共产党不会对他怎么样。"(一九九〇年五月十八日与本文作者的谈话)

黄永玉的来信无法使沈从文摆脱历史转折之际的困惑与惶恐。正在此时,一九四九年春天,一件意料不到的事情,加重了沈从文的病情。同在北京的汪曾祺这样回忆当时的情形:

> 一天,北京大学贴出了一期壁报,大字全文抄出了郭沫若的《斥反动文艺》。不知道这是地下党的授意,还是进步学生社团自己干的。……这篇壁报对先生的压力很大,沈先生由神经极度紧张,到患了类似迫害症的病症(老是怀疑有人监视他,制造一些尖锐声音来刺激他),直接的原因,就是这张大字壁报。(《沈从文转业之谜》)

突如其来的这种阵势,沈从文害怕到了极点。一生中他经历过许多磨难,但眼前发生的情况却是他从未见识过的,他不知道他这片被卷起的枯叶,会飘向何处。他显然更加恐惧在解放军进城之后,自己的未来会更加难以预料。他逐渐出现汪曾祺所提到的精神失常现象。在家里,站在窗前,望着胡同里来往的人,他会紧张地说:"他们来抓我来了!"

据《沈从文年表简编》，沈从文于一九四九年一月中旬发展成精神失常。三月二十八日，他选择了自杀，遇救后送入精神病院。

沈从文的病情和自杀细节，张兆和在几天后写信告诉沈从文的大姐和大姐夫：

> 上次我信中曾提到二哥这几个月来精神不安的现象，但是这种不安宁，并不是连续的，有时候忽然心地开朗，下决心改造自己，追求新生，很是高兴；但更多的时候是忧郁，悲观，失望，怀疑，感到人家对他不公平，人家要迫害他，常常说，不如自己死了算了。因为说的太多，我反倒不以为意。他那种不近人情的多疑，不单是我，连所有的朋友都觉得他失之常态，不可救药。不想他竟在五天以前，三月二十八的上午，忽然用剃刀把自己颈子划破，两腕脉管也割伤，又喝了一些煤油，幸好在白天，伤势也不太严重，即刻送到医院急救，现在住在一个精神病院疗养。（《张兆和致田真逸、沈乐锟等》，《沈从文全集》第十九卷）

不幸中之万幸，沈从文遇救后病情好转得很快，情绪也日趋稳定。

四

自杀获救一个星期后，一九四九年四月五日，一位老朋友前来探望。这一天，也许可看作他的精神好转的一个标志。

来访者是杨刚。杨刚原名杨缤，二十世纪三十年代初燕京大学的学生，是萧乾的好朋友。经萧乾介绍，她与沈从文认识，颇受沈从文器重。在二十世纪中国文坛，杨刚堪称一位奇女子。她是名记者，同时也从事小说和诗歌创作，其诗充满奔放豪爽的阳刚之气。在燕京大学期间,她与萧乾一起帮助美国记者斯诺编选中国当代小说选《活的中国》,该书曾请鲁迅作序。在此过程中,斯诺特地请杨刚用英文创作一篇自传体小说,反映一九二七年大革命前后的变化。斯诺在介绍"杨刚"这个笔名时写道:"这是一位中国女作家的笔名,她出生于湖北的一个高贵门第,父亲是省政府要员。作者敢于运用社会题材来表现解放,这一定会使那些深信中国文艺家不能同过去决裂而走上革命道路的人大吃一惊。"

在一九四八年下半年成功策动香港《大公报》起义后,杨刚被调到了天津,这里是《大公报》的发祥地和本部所在地。中国人民解放军获得平津战役胜利后,天津《大公报》已易名为《进步日报》,杨刚前来担任副总编辑。二十世纪三十年代时,沈从文曾担任过天津《大公报》文学副刊的编辑,后来由他介绍萧乾进入《大公报》,接替他的工作。因此,他与《大公报》有着很深的渊源。对于大病初愈的沈从文来说,由杨刚这样一个具有多层关系和意义的老朋友前来探望,显然更容易接受和感动。

一九四九年四月初,第一次中国妇女代表大会正在北平(此时尚未更名为北京)召开,想必杨刚是出席这一大会才得以有机会探望沈从文。这位早就"同过去决裂而走上革命道路"的友人,走进精神病院,看望获救后的沈从文,希望给他以精神鼓励和安慰。

情况也正是如此。据沈从文第二天所写杂感,杨刚来看望他时,特地为他带来了《人民日报》和《进步日报》等几份报纸。他说,正是读了这些报纸上的文章,他豁然开朗,精神为之一振,仿佛走出了阴影,可以与往事干杯告别了。

一九四九年四月六日,沈从文这样写道:

> 昨杨刚来带了几份报纸，可稍知国家近一星期以来的种种发展。读四月二日《人民日报》的副刊，写几个女英雄的事迹，使我感动而且惭愧。写钱正英尤动人。李秀真也极可钦佩。这才是新时代的新人，和都市中知识分子比起来，真如毛泽东说的，城里人实在无用！乡下人远比单纯和健康。同时也看出文学必然和宣传而为一，方能具教育多数意义和效果。比起个人自由主义的用笔方式说来，白羽实有贡献。对人民教育意义上，实有贡献。把我过去对于文学观点完全摧毁了。无保留的摧毁了。搁笔是必然的，必须的。（《四月六日》，《沈从文全集》第十九卷）

经查，一九四九年四月二日《人民日报》第四版，并非标明为副刊，但为了配合正在召开的妇女代表大会，集中刊载了一组妇女先进人物的通讯。四篇通讯分别是：《女司令刘虎成》（无作者署名）、《与洪水搏斗——记治河女工程师钱正英》（署名：刘白羽）、《坚持敌后斗争的女英雄李秀真》（署名：晓鲁、勇进、韦英）、《合作英雄张秋林》（署名：韦荧）。这些作者中，刘白羽早在二十世纪三十年代全面抗战爆发前就开始文学创作，沈从文不陌生，故在日记中以"白羽"称之。

沈从文还写道：

> 从这几篇文章中，让我仿佛看到一个新国家的长成，作家应当用一个什么态度来服务。这一点证明了延安文艺座谈记录实在是一个历史文件，因为它不仅确定了作家的位置和责任，还决定了作家在这个位置上必然完成的任务。这一个历史文件，将决定近五十年作家与国家新的关

系的。上期有萧参著《坚决执行文艺为工农兵的方针》一文，可惜没有见到。从推想说，一定是对当前和未来能完全配合得极密切的。（同上）

此处所提"萧参"应是"萧三"之误。估计沈从文书写时将"三"写成繁体"叁"，整理者不察而误为"参"。查阅此日专版，见版面左下角刊登了一则不起眼的《启事》："上期刊所载萧三之《坚决执行文艺为工农兵的方针》一文，待下期续完。"沈从文在日记中提到此事，足见他阅读之细。这也从另一侧面反映出他对杨刚的来访十分重视。可以相信，像杨刚这样一位老资格、有影响力的党员和朋友来看望他、关心他，对处在失落、幻灭中的沈从文来说无疑会感到温暖与鼓舞。

阅读四月二日的报纸，对沈从文产生的最大影响，莫过于他开始转而从群众即工农兵的角度反省自己，进而否定他所说的"个人自由主义的用笔方式"，这一点在这一天的日记乃至随后写给黄永玉的信中都可以看到。

譬如，沈从文提到刘白羽所写钱正英的通讯感触很深。这篇通讯以采访方式，报道钱正英（后来担任过水电部部长和全国政协副主席）如何投身革命、参加解放区的水利工程建设，但作者突出的是主人公对群体力量的推崇：

钱正英笑着告诉我："只要和群众站在一起，就有了无穷的力量。"

钱正英经历无数斗争，终于成了一个人民的工程师了，她现在是山东省河务局副局长。当我访问她时，她谦虚地告诉我："真正的工程师是人民，是中国共产党。"这句话是十分深刻的。她不愿说她个人的事情,她推荐她斗争中的战友……更多的是从淮河、浑河到黄河的千百万劳动者,她推荐他们的劳绩。(《与洪水搏斗——记治河女工程师钱正英》)

触动沈从文的显然是这样一些表述。

几天后,杨刚于一九四九年四月八日又给沈从文写来一信。她说,她已将他的近况转告了北平的文化教育接管委员会,他们对沈从文"决心向人民中间走的意思"很感动。负责人之一沙可夫已决定,请吴晗最近几日去看沈从文。吴晗是沈从文二十世纪三十年代初在中国公学教书时的学生,与张兆和同窗,抗战期间在昆明西南联大与沈从文也是同事。此时,吴晗担任北平市军管会副代表,参与接管北京大学、清华大学,正是权威日隆之时。请吴晗这样一位与沈从文有着特殊关系的领导人前来探望并商量工作安排,杨刚和沙可夫等人可谓用心良苦。

在信中杨刚最后还这样开导与告诫说:

精神的转变不是一件简单的事。能经由痛苦而从头检讨自己,认识自己的过去和现在,反而是最好的。这可以看得更透,认得更明,站立得更坚定。这比较轻松容易的变化更好。尤其是对于一个有良心的知识分子是最有益。我和许多朋友都相信你最终是属于人民的。(《杨刚致沈从文》,《沈从文全集》第十九卷)

由此看来,杨刚对沈从文在历史转折之际的变化,起到了举足轻重的作用。

不过,杨刚后来的遭际却没有沈从文幸运。抗美援朝战争爆发后，杨刚于一九五〇年十月调任周恩来总理办公室主任秘书，后担任中宣部国际宣传处处长及《人民日报》副总编辑。一九五七年反右运动开始后，她因遗失一个重要笔记本等原因，陷入类似于沈从文一九四九年春天时的精神状态。十月七日，身为《人民日报》副总编辑的杨刚自杀身亡。一代奇女子竟如此结束生命！沈从文获悉杨刚自杀身亡的噩耗时，想必会为之痛惜而落泪。他应该不会忘记一九四九年四月五日杨刚的来访和随后的精心安排。杨刚陷入精神困境时，正值反右斗争风云变幻人人自危之际，有人如她当年援助沈从文一样向她伸出过援助之手吗？无法得知。

且回到一九四九年四月。自杨刚来访后，沈从文及全家的生活渐趋正常。五月，张兆和进入华北大学学习；六月，沈从文应邀在北平文化教育接管委员会办公处与丁玲会见；其后，丁玲曾邀何其芳同到家中看过他；会见中丁玲劝他"抛掉自己过去越快越多越好"。以后他和张兆和也曾去丁玲在东总布胡同的住处回访；六月，解放军苗族将领、他的凤凰旧友朱早观来家中看望，鼓励他振作精神为新社会工作；七月，来京参加第一次全国文代会的巴金、李健吾、章靳以等朋友到家中看望他。（参见《沈从文年表简编》）

据巴金回忆，那次在北京开会一个多月，他曾多次前去看望沈从文。巴金等均是沈从文二十世纪三十年代初结识的老朋友，他们的来访，对他也是莫大的安慰。

生活趋于正常，情绪逐步稳定，思想发生转折性变化，正是在此时，沈从文于一九四九年七月十六日给黄永玉写出了一封重要书信。

五

　　黄永玉说，当时收到沈从文这封长信，看到表叔走出了自杀阴影，心情骤然明朗且对工作充满热情，不由得兴奋不已。心里一直悬挂着的石头，也随之落地。他当即把信交给罗成勋等几位朋友传阅，他们都为之高兴。他们商定，全文发表这封信。一方面可以让海内外牵挂沈从文安危的友人和读者放心，另一方面，作为一家已经接受中共领导的报纸，更有必要借此展示新时代的活力与感染力。

　　沈从文这封写给黄永玉的信，发表于《大公报》"大公园"副刊时，报纸尚采用中华民国纪年，为中华民国三十八年八月十一日（星期四，第八版，即公元一九四九年八月十一日），距他信末注明写信日期"七月十六"不到一个月。

　　此信在"大公园"作为头条发表。收信人姓名隐去，以××代替，标题《我们这里的人只想做事》，署名"沈从文"，由编者拟定，并加框写一说明："这是沈从文先生自北平寄给留港的一位木刻家的信。从这里可以看出：一个二十年以笔离群的作家，如何觉今是而昨非，在根本上重造自己。"标题下面配以题花。题花为两条小船，寓漂泊之舟找到了栖身港湾之意。这题花正是由黄永玉亲笔所绘。文中还发表有一幅速写《靠煤渣堆生活的人》，作者为画家关山月。此画与沈从文信中的内容无关，似是因为副刊版面美术设计需要所致。

　　黄永玉说，《我们这里的人只想做事》发表后，应该给表叔寄去过报纸。编辑《沈从文全集》时，可能没有发现这篇文章。

　　读《我们这里的人只想做事》，可以参阅沈从文一九四九年七月左右另外一封写给友人刘子衡的信（《沈从文全集》第十九卷），其情绪、思路及表述均相似。突出的一点是，沈从文在这封信中强调自己"与群游离"，在新时代中被毁废是不可避免之事。将个人以往完全抛弃，无条件地消融于群体之中，这是沈从文在历史转折之际走出幻灭后得出的一个结论——且不管他是否真的能做到。

根据黄永玉回忆，在七月十六日这封信之后，沈从文还有来信。由于原信已毁去，只能在他的《这些忧郁的碎屑——回忆沈从文表叔》中读到转述的片段。如沈从文于一九四九年八月工作被安排至历史博物馆，他在信中这样告诉黄永玉：

> ……解放军进城，威严而和气，我从未见共产党军队。早知如此，他们定将多一如我之优秀随军记者。……可知解放广大人民之不易……你应速回，排除一切干扰杂念速回，参加这一人类历史未有过之值得为之献身工作，……我当重新思考和整顿个人不足惜之足迹，以谋崭新出路。我现在历史博物馆工作，每日上千种文物过手，每日用毛笔写数百标签说明，亦算为人民小做贡献……我得想象不到之好工作条件，甚欢慰，只望自己体力能支持，不忽然倒下，则尚有数万数十万种文物可以过目过手……

沈从文写给黄永玉的信，总是充满投入新时代的热情，并为新的北京描绘出勃勃生机。他详细描述准备转向工艺美术史研究的计划，鼓励黄永玉从香港到北京来，与他一起开始新的生活。表叔的召唤，令黄永玉为之向往。

一九五〇年三月二日，沈从文进入华北大学，不久，随建制转入华北人民革命大学。这一年夏天，黄永玉、张梅溪夫妇从香港来京探望。这是他们夫妇第一次来到北京。他们一方面要探望表叔，一方面也是要实地感受北京，以便决定是否离开香港到北京来。

黄永玉在《太阳下的风景》中这样记述此次的北上：

> 解放后，他是第一个要我回北京参加工作的人。不久，我和梅溪背着一架相机和满满一皮挎包的钞票上北京来探望从文表叔和婶婶以及两个小表弟了。那时他的编制还在北京大学而人已在革命大学学习。记得婶婶在高师附中教书。两个表弟则在小学上学。
>
> 我们呢！年轻到了家，各穿着一套咔叽布衣服。充满了简单的童稚的高兴。……表叔的家在沙滩中老胡同宿舍。一位叫石妈妈的保姆料理家务。我们发现在北方每天三餐要吃这么多面食而惊奇不止。
>
> ……
>
> 我们在北京住了两个月不到就返回香港，通信中知道表叔已在"革大"毕业，并在历史博物馆开始新的工作。(《太阳下的风景》)

第一次来到北京，带有相机的黄永玉与张梅溪游遍北京名胜，拍摄了一批风景照，更为难得的是他与沈从文的合影，为我们留下了此时他们的影像记录。

北京之行与表叔一家团聚，亲身感受新时代的兴奋，黄永玉做出了以后来北京生活的决定。返回香港后，他们写信把这一想法告诉了沈从文，沈从文于一九五〇年九月十二日给张梅溪写去一封三千多字的长信，这封信有幸被保留下来，收录在《沈从文全集》中。了解沈从文与黄永玉转折之际的变化，这封信值得参阅。

沈从文在回复张梅溪的信中说，他们的来访为自己一家带来了快乐：

> 你俩小夫妇来，给孩子们真带来一份永久的春天！到现在，我们和石妈总还是把你们的善良和活泼，当成一个"漫谈"说下去的。……永玉为孩子们作的画相，看到的朋友都觉得自己如被画一下，十分幸运。因为几个专家也认为是"杰作"的。都欢喜的，可惜不为我画一个。（《致张梅溪》，《沈从文全集》第十九卷）

得知他们已有计划将到北京生活，沈从文尤为兴奋。他说，愿意将自己的经验传授给黄永玉，还为他们两位从文学和艺术两方面设计发展方向，鼓励他们以自己的创造而尽快融于新的社会。半个多世纪后读此信，仍然可以强烈感受到沈从文似乎全然抛弃旧我之后的镇静与从容。他这样写道：

> 读你们的来信，说到将来会来北京住下去，我是如何高兴！趁我头脑还能得用时来，有些对于工作的本质理解，有些看法，有些未能完成的理想，有些具发展性和延续性的工作经验，一定会对于永玉有用处的。
>
> ……
>
> 正如毛主席在文件所说，共产党到了都市，一年来有些事都闲下来了，有些事生疏了，有些新事又得重新学习。你们这一代最要更加深加强学习的，似乎应分是一种完全新的东西，但其实这个新还是离不了从"对于人类前途的热忱"和"工作的虔敬态度"出发，有关这一点，北来是一定会有收获的。国家一切工作的推进，都要从这二点出发，才可见功。

沈从文甚至还向黄永玉提出了具体的建议：

> 永玉将来还得到东北去走走，西北走走，看看云冈敦煌，和黑龙江的黑土，鞍山大铁矿，以及内蒙古包中的大小蒙古人，这一切对你们都需要，学画和文学全需要。可得先有个准备条件，即把身体弄好。你们两人都得在健康上也努点力。
>
> 加强学习，是爱国家一个条件。国家事情多，要一个人敌十个人用。要鼓励永玉多做点事，这也就是你的创作一部分。我两年来写信能力全丢失了，不知可说得对不对。

（同上）

收到此信，一年零五个月后，一九五三年二月，黄永玉带着妻子张梅溪和刚刚七个月大的儿子黑蛮，离开香港，前往北京。

火车抵达位于前门的北京火车站。年过半百的沈从文，一个人站在月台上迎接他们。至此，沈从文和黄永玉叔侄两人的历史转折都已结束，他们即将一起生活在同一座城市里。

胡风在一九四九年历史转折之际，曾发表过一首轰动一时的长诗《时间开始了》。"时间开始了"——一个富有激情也富有历史感的表述。对于在北京二月寒冷中重逢于前门火车站月台上的两代凤凰人——沈从文与黄永玉——来说，时间真的重新开始了。

完稿于二〇〇七年九月二十一日，北京

‹ 2014年 ›

漫谈沈从文研究及其他
——访首届鲁迅文学奖获得者李辉

写在前面的话（张晓眉）：正式去采访李辉老师前，经历了一段小插曲。因为我刚进入沈从文研究领域不久，对专家学者不熟悉，承蒙糜华菱老师热心指导、推荐，让我得识很多有影响的学者风采。糜老师在给我的书信中说，李辉老师为沈从文研究做了很多贡献，值得去采访。

于是我将李辉老师撰写的《恩怨沧桑——沈从文与丁玲》《沈从文图传》和相关论文找来细读，才发现李辉老师不仅研究沈从文，而且还撰写了与沈从文关系密切的巴金、黄永玉、汪曾祺、萧乾等文化名人。

我从《恩怨沧桑——沈从文与丁玲》、《萧乾传》、《巴金传》、《秋白茫茫》（曾获首届鲁迅文学奖）、《黄永玉传奇》（曾被评选为"2010年十大有影响力图书"）、《胡风集团冤案始末》、《黄苗子与郁风》、《沧桑看云》、《在历史现场》、《和老人聊天》、《巴金研究论稿》、《一纸苍凉》……一直读到《封面中国——美国〈时代〉周刊讲述的中国故事（1923—1949）》（曾获华语文学传媒大奖2006年散文家奖项）和《绝响——八十年代亲历记》（曾获华语文学传媒大奖2013年散文家奖项），读得我心惊肉跳、荡气回肠，李辉老师的形象也因随着我拜读书籍的增多，日渐高大起来！与此同时，我对自己写的《李辉老师采访提纲》无端产生了几多质疑来。因为李辉老师除了写有多部有影响的著作，从一九八二年至今，一直在报社工作，是资深记者，仅采访过的现代文化老人就有一百多位，而且是当今很有影响力的作家、学者，多次获得过大奖……

由于糜华菱老师没有告诉我李辉老师的联系方式，我只知道李辉老师在《人民日报》文艺部工作。于是我就写了一封很谦卑的信去碰运气。在信中，我如实写下了我拜读李辉老师的著作之后的真实感受，并将我所提的八十三个问题一并寄给他，再谦卑的、不抱任何希望地等待李辉老师的回信……

大约是在信寄出去一周之后，我的手机响了起来，来电显示是糜华菱老师提供给我的另外一名学者的电话和姓名。当时我曾按照这个电话发了一条短信，因久未见回信，我又拨通电话，可对方说我打错了，我也没细问，就挂了电话，也没将电话号码删除。当看到来电显示，我一阵惊喜，以为是那位学者被我的短信所感动，所以给我打电话过来。

接通电话，竟然是李辉老师！原来糜华菱老师把李辉老师的电话号码和另一位学者的姓名弄错了……绕了一个大圈，李辉老师的电话联系方式就在手机里！

李辉老师在电话里告诉我，他刚刚陪同年近九十岁的黄永玉先生从湘西凤凰回到北京，有些工作需要处理，等忙完了找空给我谈谈我所提到的问题。我激动得说了一连串的"好的！好的"。

二〇一四年五月五日，李辉老师给我打电话问我是否有空，当时我正在国家图书馆查资料，李辉老师就让我第二天去人民日报社。

五月六日上午，我兴冲冲地来到李辉老师的工作单位人民日报社编辑大楼一楼，李辉老师耐心地给我讲了一个多小时，随后又请我到人民日报社食堂吃午饭。

吃饭的时候，我与李辉老师聊了他写的关于黄永玉先生的书，知道他与黄永玉先生的关系非同一般，加上黄永玉先生是沈从文先生的表侄，了解很多关于沈从文先生的事情，还是我们湘西很有影响力的厉害角色，在我就读的吉首大学建有黄永玉艺术博物馆，为湘西地区捐建桥梁，养在深山鲜有人知的吉首酒厂因为他的鼎力相助，成了知名品牌……在湘西，沈从文、黄永玉这两个名字几乎达到了妇孺皆知的境地……二〇一四年是黄永玉先生九十华诞，作为家乡人，我虽然也在北京生活，而且就在离他的万荷堂不远的地方居住，但他给我的感觉是那么高、那么远……于是我借此机会请李辉老师给我讲讲黄永玉先生。

李辉老师很爽快地答应了，他告诉我他和黄永玉先生从一九八四年认识，到今年已经是第三十个年头了。从认识黄永玉先生到现在，黄永玉先生回湘西经常会邀上李辉老师，他几乎每年都要去几次，所以对湘西很熟悉。

李辉老师是个有心人，他收集了大量黄永玉先生的资料。一九八九年第一次同黄永玉先生到凤凰，当时沈从文先生的弟媳罗兰（沈荃的夫人）还健在，他就采访了罗兰女士，把当年沈荃平反档案等史料抄了厚厚的几大本，回北京后写下了《破碎的将军梦》。

因对黄永玉先生的了解增多，李辉老师又动了心思，计划给黄永玉先生写传。他请黄永玉先生把他的小学同学列个名单，二十世纪八十年代末还有十几个同学健在，李辉老师拿着这个名单找到他们，和他们一个一个地谈……讲到这里时，李辉老师很伤感，因为当年的十几位老人，今年去的时候，就只剩一位了……李辉老师还收集了黄永玉先生从二十世纪四十年代以来出版的书籍和发表的作品，包括与黄永玉先生相关的人士如沈从文先生、钱锺书先生等人的资料……李辉老师甚至知道很多连黄永玉先生本人都不记得的往事……近三十年的辛勤工作，他写的《黄永玉传奇》能被评选为"2010年十大有影响力图书"，在我看来，完全是情理之中的事情。

因曾听人评价黄永玉先生是一个挑剔、锋芒毕露、很难对付的人。李辉老师如何能与黄永玉先生成为忘年交？我有些好奇。李辉老师却一语道破天机："真诚待人！别无他求！"

李辉老师喜爱旅游，加上他是一个有心人，所以他每到一个地方，总喜欢把自己的经历与大家分享，他给《上海文学》开设专栏《李辉走读》，其中有三篇与黄永玉有关，一篇是写黄永玉在赣南时与蒋经国的故事，这个栏目曾获得过"最佳栏目奖"，由此让我想起"赠人玫瑰，手留余香"这句话来。

李辉老师还去过沈从文和张兆和当年躲避地震时在苏州老家居住的房间。我问他为什么会对这些地方感兴趣，李辉老师满怀感情地说："有些老人居住的地方，再不去就没有了。我去的时候总是拍一些照片，留作纪念。所以现在手上有很多珍贵的照片。"

在谈到李辉老师主编策划的"火凤凰"系列丛书时，李辉老师提到他编辑的"大象名人日记文丛"出版有郑振铎日记，我因为写学位论文正好前一天在国家图书馆读到这本书，印象很深。但我没有细看序言和后记，所以不知道是李辉老师主编、整理的。我很惭愧，我把感想说给李辉老师听，李辉老师态度真诚地指导我："作为一个研究者，尤其像你现在，还是很专业的研究者，要知道怎样深入进去，再怎样跳出来。在深和跳之间，你会有新的发现，一定是这样的。你如果太深入进去，眼睛不看周边的事物，就很难有突破……千万不能固执己见，或者陷入一种看法，要不断调整自己……要大量占有资料，还要掌握资料的准确性……任何资料都是有用的，关键看你想不想得到，用在什么点子上，会不会用……大量占有资料，也是为以后的研究做积累，打基础。虽然枯燥，但用处很大，用一年的时间训练自己搜集资料的能力，比花两年的时间去写论文，其意义要大得多，这个工作做好了，一辈子用之不竭。你回去试试……"此外，李辉老师还给我传授了很多他多年来搜集资料的心得体会……因为我的导师也姓李，听了李辉老师的教导，亦如导师李端生老师经常给我指导一样，感到格外亲切。回到家里，仔细琢磨李辉老师给我讲的那些话，越想越觉得句句在理，字字如金！真有"听君一席话，胜读十年书"之感，受益匪浅……

采访结束前，李辉老师送给我一张请柬，上面写着："故乡：永不枯竭的文学源泉——长篇小说《无愁河的浪荡汉子·朱雀城》暨九十岁黄永玉的文学行当专家论坛"。李辉老师告诉我，在北京798圣之空间艺术中心有黄永玉先生的画展，很值得一看。

❋ 问　您是在一九八三年春全国文联委员全会上第一次与沈从文先生见面的？（您在接受一个访谈时中曾经说是一九八二年，哪一年准确？）请您谈谈您的沈从文研究。

❋ 李辉　我上大学时，主要是研究巴金，当年与陈思和出版的第一部著作就是《巴金研究论稿》。大学毕业后，我到《北京晚报》工作，主要做文艺副刊方面的工作。工作之余，我还想继续做巴金研究，所以就在北京找巴金的朋友，想从他们的身上了解关于巴金的史料。当年我找沈从文、萧乾、冰心、卞之琳等主要是因为他们是巴金的朋友。

我是在一九八二年文联召开的扩大会议上第一次见到沈从文的，当时我负责采访报道这次会议。第一次见到沈从文，当时他正在发言，发言的内容大概意思就是"外行人领导内行人，瞎指挥"，说得比较激烈，看起来很温和的一个人，发起言来却很有气势，所以印象比较深。会后我主动找到他，告诉他我在研究巴金。

文联扩大会议闭幕式是在人民大会堂小礼堂举行的，我去的时候看到沈从文和朱光潜坐在一起，我就走到他们的后一排，看到沈从文先生拿出一本二十世纪八十年代初刚出版的《从文选集》，朱光潜先生也拿出一本刚由上海文艺出版社出版的新书《谈美书简》，两位老人在互赠新书。随后我和两位老师聊了几句。我在和沈从文谈话的时候，还专门提到了前两天他在会上发言后，我和他见面的事情。我记得当时还问他"您最近在忙什么？还写小说吗？"沈从文告诉我他不写小说了，但他给我说古华的小说写得好。和两位老人告别之前，我问沈从文："我能到您的家里去看您吗？"他说可以，就给我写了他家的地址。

会议结束后不久，沈从文和黄永玉回了一趟湘西凤凰。回来后不久，沈从文就中风了，等我再去他家见他的时候，已经是他中风之后了。

一九八三年到一九八八年，我去看沈从文的次数比较多，因为当时我住在东单，他家住在崇文门，走路五分钟就到，去他家主要是请他谈巴金。熟悉之后，我还给他送过音乐盘、录音带等给他听。

当时《北京晚报》有一个《作家近况》专栏，我给他照相，把他中风后的生活状况写出来发表在这个专栏上。

一九八八年沈从文去世前两周，我去看望过他。具体过程我在《沈从文："行将超越一切"》一文中都写到过，就不再重复了。沈从文去世后，我也经常去看张兆和，当时我想做一个"与张兆和谈沈从文"和"张兆和眼中的现代文人"访谈。

张兆和给我谈了大概有十多次，后来因为张兆和的健康等原因，两个访谈都没做成，但我们一直有来往，我也一直很想做一些关于沈从文研究方面的事情。当年和张兆和的谈话笔记我初步整理了一些，但后来忙其他事情去了，没再继续。

从二十世纪八十年代末开始，我写了一些关于沈从文的短文章。一九八九年，黄永玉邀我去凤凰玩，当年沈荃的夫人罗兰还在，我采访了她。罗兰女士把沈荃的平反材料、档案等都拿给我看，我抄了很多。回来之后，我就写了一篇《破碎的将军梦》。那是我当年写得最长的一篇关于沈从文与他的家庭的文章。当时我觉得，如果我不写，可能就没有人会写沈从文的弟弟沈荃了。这些年过去，至今我也没发现有人详细写过关于沈荃的事情，我写的《破碎的将军梦》就是在现在应该也是最详细的。

我们对沈从文本人可能研究得比较多，但对他身边的人还有待加深了解。当年我与罗兰女士的谈话，从侧面补充了关于沈从文的真实状况。后来我和沈荃的女儿沈朝慧女士也有来往，通过沈朝慧，我了解到了很多关于沈从文二十世纪五十年代以后的生活状况，比如当年沈从文真正能够交心谈心、交往最多的人是黄永玉，两人谈得很投入，特别是用湘西凤凰话交谈，感觉也不一样。

我认为要真正了解沈从文，对他身边的人比如沈荃、黄永玉、张兆和等也应该有所关注，从侧面记录关于沈从文的情况，这都有益于我们认识真实的、完整的沈从文。

❋问　您在一九八二年八月一日给陈思和先生的书信中提到，您见到了沈从文先生并问及他与巴金先生，还要了沈从文先生的地址，以便此后去看望他并详细问一些关于巴金先生的情况。能请您谈谈您第一次去沈从文先生家时所见到的情景吗？是否还记得当时的谈话内容？

❋李辉　我请沈从文谈巴金，他给我讲了不少他们的往事，比如他们在二十世纪三十年代的情况，包括在北京沈从文的家里，一个在屋子里面写"爱情三部曲"，另一个在院子里写《边城》，两个人的观点不一样，风格也不一样，有争论，但都是好朋友，一辈子的好朋友。

❋问　您在《太阳下的蜡烛》一书中提到，您曾经为请沈从文先生家人编辑一本《从文家书》，特地去找过沈虎雏先生。沈虎雏先生在接受我的采访时也提到了《从文家书》分别在上海、台湾、江苏的三家出版社出版，您请沈从文家人编辑的这本《从文家书》后来是由哪一家出版社出版的？

❋李辉　一九九四年，我与陈思和计划编一套"火凤凰"系列丛书，由他负责组织上海方面的书籍，我负责北京方面的。

在编这套丛书的时候，我首先想到了沈从文的家书。沈从文的家书是大家没有见过的，当时我读过《傅雷家书》，觉得很精彩，就想《从文家书》编出来之后，肯定也会很漂亮，因为我读过他写的一些书信，我认为沈从文的家书是我读到的家书中写得最好的，我认为沈从文二十世纪五十年代以后的家书，是最能够真正体现他文学价值的作品。

为此，我就去找沈虎雏，问他能不能编一部《从文家书》，他觉得我的建议很好，所以就选了一些书信。编完之后，张兆和写了一篇《后记》。这篇《后记》是张兆和写得最好的一篇文章，认识到位，情感很深，文字简练。后来由上海远东出版社出版。这是我促成的第一本关于沈从文的书籍。

这本书出版后效果很好，反响也很强烈，后来再版了一次。随后台湾的一家出版社也找到张兆和，想出版《从文家书》。张兆和为此还给我写过一封信，征求我的意见。

当年江苏文艺出版社找过我，他们计划出版《沈从文全集》，我是比较赞同的。因为当年江苏文艺出版社影响力比较大，印刷质量也比较好。但《沈从文全集》最后是由山西北岳文艺出版社出版的，因为我不专门研究沈从文，所以后来也没有介入，具体情况不是很了解。只是给《沈从文全集》提供了我做的大概有几千字的《记丁玲》校勘，当时编《沈从文全集》要了解一些外国学者的名字，我与海外汉学家有联系之便，给《沈从文全集》编委会提供了一些这方面的资料。瑞典学者倪尔思二十世纪九十年代翻译出版《沈从文散文集》，想请张兆和题写书名，我也帮着联系。沈从文一百周年诞辰，我在现代文学馆做了一个专门谈沈从文的讲座。后来我根据这次讲座内容，补充了一些资料和图片，出版了一本《沈从文图传》。

另外，我收集了一些沈从文的资料，当年我在收集文学广告的时候，把沈从文的也收集了。前几年我在收集黄永玉的资料时，查阅到了一篇沈从文一九四九年写给黄永玉的书信，这封信发表在香港《大公报》上，标题是《我们这里的人只想做事》，因为在编《沈从文全集》的时候，没有一封沈从文这个时期的书信，根据相关文献记载和黄永玉的回忆，沈从文当年给黄永玉写过很多书信，但都在"文革"中毁坏了。这些资料对了解沈从文都是比较有帮助的，包括张兆和曾经给我写的一些书信。

我为沈从文研究所做的工作大概就是这些，对沈从文研究也只能说是了解，做了一些事情，我认为最值得一谈的就是《恩怨沧桑——沈从文与丁玲》这本书。

《恩怨沧桑——沈从文与丁玲》从一九八九年下半年开始准备，首先是找出当年最早连载的《国闻周报》和良友图书公司先后出版的两册书：《记丁玲》（上）和《记丁玲》（续），《记丁玲》（上）是从范用先生那儿借的，《记丁玲》（续）是从唐弢先生那儿借的。两位老人我都熟，都很爽快地把书借给我了。

写《恩怨沧桑——沈从文与丁玲》我用了一年多的时间，这是我做得比较扎实的一本书，因为案头工作比较多，中间也穿插了一些访谈。当时我与健在的十几个知情人士，比如巴金、楼适夷、施蛰存、萧乾、丁玲的丈夫陈明、赵家璧、汪曾祺、林斤澜等通过书信（大约有几十封）、面对面交谈等形式，来了解这件事情始末。我为此还整理出《与巴金谈沈从文》《与汪曾祺谈沈从文》等系列访谈，这些文章后来收入我出版的《与老人聊天》这本书里。等将来有时间，我计划把为了解沈从文与丁玲恩怨的采访笔记和书信整理出来，也许对今后的沈从文研究会有所帮助，也是对《恩怨沧桑——沈从文与丁玲》的一个补充。

我现在感到比较遗憾的是，沈从文与丁玲、胡也频一起主办的

《红黑》杂志比较难找，当年我在写《恩怨沧桑——沈从文与丁玲》这本书的时候，在清华大学查阅过，但不全。如果现在能够把出版过的《红黑》杂志影印或者做成电子文本，是很有价值的。

总的来讲，我不是在系统地研究沈从文，也不做文本研究，所以对他的作品认识不深。我读过他的很多作品，知道这位作家在中国现代文学史上是一个很有分量的人物。

❈问　您在《恩怨沧桑——沈从文与丁玲》一书的后面附了很多二十世纪八十年代不同学者就沈从文与丁玲之间的恩怨所写的文章，当初的用意是什么？

❈李辉　当时将这些文章附上，主要是为了表明我写这本书是持客观态度的，因为我写的这本书介于传记与校勘之间的这么一种类型。当时我想，附上这个附录，对我所要表达的东西显得更完整，让读者看到除了我的陈述，其他的学者对这件事情的各种看法。虽然我的书里面引用了一些学者的话，但不完整。

❈问　拜读了您的《恩怨沧桑——沈从文与丁玲》后，我一直在想：为什么丁玲在文章中痛骂沈从文先生，而在见了沈从文先生时，好像又很热情的样子？丁玲是在一九八二年去世的，她发表《也频与革命》这篇作品是在一九八〇年，当时她已经被诊断为癌症，在她去世后不久，沈从文先生就中风了。据沈从文先生在书信中谈到的，丁玲对她自己几十年的不公正待遇只字不提，却写文章来攻击他。您在《恩怨沧桑——沈从文与丁玲》一书中也有评价："……从丁玲对沈从文的批评来看，沈从文的问题在于以市侩目光看待她和胡也频所热爱的左翼文艺事业。这就是说，沈从文真实描写了他们的革命工作，只是所持观点她不能赞同。除此之外，沈从文并没有写能够构成她的政治'罪名'的任何事情。相反,从丁玲所需要的角度,沈从文的不解和异议,恰恰可以增添她的光辉,成为反驳他人的重要历史资料。"当时沈从文先生,特别是他的文学成就还处在被故意"掩埋"期,而丁玲以这种方式来提起沈从文先生的文学,是不是还有更深层次的用意?毕竟几十年的友谊,正如中国有句话讲的:"人之将死,其言也善。"他们经历过了人生的大起大落、风风雨雨,已是耄耋老人、饱经风霜的丁玲至于去因为这点事情就攻击沈从文先生吗?

我觉得丁玲写的《也频与革命》:"贪生怕死的胆小鬼,斤斤计较个人得失的市侩,站在高岸上品评在汹涌波涛中奋战的英雄们的高贵绅士是无法理解他的。这种人的面孔,内心,我们在几十年的生活经历和数千年的文学遗产中见过不少,是不足为奇的。"这段话中的"贪生怕死的胆小鬼,斤斤计较个人得失的市侩⋯⋯"不符合事实,即便是一个完全与此事无关的人看了沈从文先生写的《记丁玲》,特别是序跋,就能看出沈从文先生对他笔下这个人的维护。丁玲作为一个经历了人生风雨,特别是从一九五六年到一九七八年期间的人生历程,正如您说的,她所要申诉的对象绝对不是一个一直关心她的朋友。可她为什么要写这样一篇文章?我以为她是在用一种用意很深的方式来让人们关注沈从文先生的文学价值。我不知道这样理解对不对。也许我的想法太幼稚了。您对这件事情了解得比我透彻,您能谈谈丁玲写这篇文章的用意吗?

❋李辉　我在《绝响——八十年代亲历记》中写了一些。我认为,要讲清楚这件事情,得和当年大的社会历史背景联系起来讲。我认为丁玲在《诗刊》上发表的《也频与革命》那篇文章,是多种偶然因素促成的。

一是当时周扬已经成了新的旗帜，因为周扬一直认为丁玲当年有自首行为，所以丁玲一直试图表明自己的政治立场，想要表现得和周扬不一样。就是即便是当了右派，也要表现得很革命，我觉得丁玲写那篇文章，原因之一是丁玲和周扬之间很深的矛盾。

二是当时碰巧日本有两个研究丁玲的学者拿了一本沈从文写的《记丁玲》去找丁玲。丁玲看了这本书后，很不高兴，她说是第一次看到，但我觉得这种可能性不大，她当年应该看到过，也许是看了之后又过了几十年，她忘记了，这就又给丁玲提供了一个让她写那篇文章的契机。

三是《诗刊》恰好在这个时候请丁玲写一篇纪念胡也频的文章。

丁玲写的那篇文章，表达了她在左联的时候就很"革命"，因为她当时需要证明自己被批判为"叛徒""自首"都是被诬陷的，虽然自己当了右派，但还是很"革命"。但丁玲又不好拿别人去说事，所以就拿沈从文说事。这个事情是需要结合很多的历史背景才能谈清楚的。

❊ 问　您说"沈从文和他留下的作品将永远不会老去"。请您谈谈您最欣赏沈从文先生的哪一部作品？为什么？

❊ 李辉　沈从文的作品基本上我都读过，我认为《边城》《从文自传》《湘行散记》《长河》及沈从文的书简，特别是二十世纪五十年代以来写的书信，写得最好！我认为沈从文的书信是"五四"以来所有作家中写得最好的；《长河》虽然没有完成，但那种味道都已经出来了，我认为这是沈从文未完成的巨作；《从文自传》也很好，是一部很了不起的作品。但是沈从文写那些反映现实的、讽刺的东西，比如《八骏图》一类的东西，我认为不是太好。沈从文写的文学评论也很好，作家写的文学评论与其他人不一样，因为还有感受在里面。二十世纪三十年代，沈从文写过很多文学评论，都写得非常漂亮，非常值得一看，像他谈"朗诵诗"那些片段，我在写《萧乾传》的时候，起到过很大的参考作用，我当时还引用了一些。后来沈从文在读了我写的《萧乾传》，他给我说我把当年的那种味道写出来了。

❊ 问　您认为沈从文的书信是"五四"以来所有作家中写得最好的。这种评价标准是根据他的文学性还是别的？

❊ 李辉　主要是文学性。你去读沈从文的书信，我认为他写的很多书信都是当作文学作品来创作的，尤其是二十世纪五十年代以后，他当时已经不在报刊上发表作品了。但你看他写的那些书信，表面上看来，好像是他在和你谈事情，仔细一琢磨，你就能感觉到他实际上已经进入到了文学创作状态。沈从文的书信是值得好好研究的，甚至可以和"五四"以来其他作家写的书信进行比较，同样的事件，同样的运动，同样的时代背景，看看沈从文是怎么写的，别的作家又是怎么谈的，在校勘的基础上谈自己的见解，这应该会是一个很不错的选题。

❊ 问　关于沈从文先生没有获得诺贝尔文学奖，您认为不遗憾。为什么？

❊ 李辉　这是从得奖本身这个角度来讲的。托尔斯泰也没有得过诺贝尔文学奖，遗憾不遗憾？我的意思是如果能得当然好，没有得，对沈从文来说，也没有什么损失。国外很多得了诺贝尔文学奖的作家，我们都已经忘了。沈从文没有得奖，有损失吗？没有。他的文学地位照样还在那里。文学这个东西，五十年以后，或者一百年以后，还有人在读他的东西，这就够了。我是从这个角度来讲的。

关于沈从文得诺贝尔文学奖这个事情，我是比较了解的。因为我和马悦然的关系很好，一九八八年沈从文去世的消息，马悦然是打电话向我求证的，他接受《南方周末》采访的时候也提到过这事。

✤ **问**　您在瑞典讲学的时候曾经专门讲过沈从文的文学，请您谈谈这次讲学经历。

✤ **李辉**　一九九二年，我认识了瑞典汉学家倪尔思，他当时是瑞典驻中国的文化参赞，他请我去瑞典讲学，主要讲"瑞典文学在中国的传播"等专题。当时沈从文文学作品在瑞典很火，因为马悦然和倪尔思等学者翻译的沈从文作品正在陆续出版，当地很多人都很喜欢沈从文的作品，所以我专门做了一个沈从文文学专题讲座，地点是在瑞典的东方博物馆。我记得在瑞典逛书店的时候，看到在一个很醒目地方摆放着沈从文的书籍，很惊喜，当时还和书店工作人员聊了一阵沈从文。

✤ **问**　您去瑞典讲学时，和马悦然见面了吗？有没有和他聊过沈从文？

✤ **李辉**　见了，还在他家吃了饭。沈从文肯定是必谈的话题之一，因为马悦然是这方面的专家。一九九二年他到中国来，我和刘心武去云南陪他。后来他到北京，我陪他去看了艾青。

✤ **问**　您怎么看二十世纪八十年代出现的"沈从文热"？当时国外的学者对沈从文的评价都很高，比如沈从文去世后，马悦然就曾经撰文《中国人，你可认得沈从文？》给予了很高的评价，马悦然在接受中国记者采访时也对沈从文作了很高的评价，当时就有人批评马悦然的评价太高了。您怎么看当年出现的这种争议？

❈ **李辉** 在二十世纪八十年代，沈从文还属于被贬低的对象。从一九七八年到一九八五年，沈从文研究在国内并没有多么热，外界评价比较多一点。像沈从文、张爱玲、钱锺书等都是属于重新评价的人，这种评价实际上也是对毛泽东时代所做的一些做法的纠正，沈从文的文学地位也是随着语境的变化而变化的。二十世纪八十年代有人斥责马悦然把沈从文拔得太高，是有这种可能的，这有一个时代背景在里面。

❈ **问** 您怎么看马悦然对沈从文的评价？

❈ **李辉** 马悦然欣赏沈从文的文学，对中国现当代文学，他很熟悉，有很高的鉴赏能力。

❈ **问** 您与沈从文先生是否有过书信往来？您与贾植芳先生（几百封？）、萧乾先生（200多封？）、巴金先生等其他文化名人之间的书信往来今后是否考虑公开出版？我猜想这里面肯定有很多珍贵史料。

❈ **李辉** 与沈先生没有通信。一是因为当时我们住得比较近，见面的机会比较多；二是因为沈从文中风后，很少再提笔写东西；三是当时我主要是研究巴金，去看他的时候，主要是聊巴金。所以和沈从文没有书信往来，倒是和张兆和有过一二十次的书信往来。

❈ **问** 萧乾先生去看望沈从文先生时，有过被他赶出去的经历吗？

❈ **李辉** 当然没有。萧乾曾经给我说过，二十世纪七十年代末或者八十年代初，沈从文给他写过一封很长的信，他看了之后就退回去了。后来就没有再来往。萧乾曾经打算将他和沈从文的恩怨以书信的形式给我好好讲讲，但是信刚写了一个开头，他就去世了，很遗憾。

✺**问** 请您谈谈您所了解的沈从文先生与萧乾先生之间的矛盾。

✺**李辉** 等有时间，我可能会写一部沈从文与萧乾的交往史，因为在《萧乾传》中我已经写了一些他和沈从文的关系，包括他们的交往史。至于他们后来闹翻了，其实也没有到传说中的那种严重程度。可能是因为都年纪大了，有人在中间传话传得不对，或者是萧乾有做得不对的地方，都是有可能的。在我看来，这是文人之间的正常交往。

当两个当事人都不在场的时候，任何人都是说不清楚的，也不能纠缠细节，因为你很难判断哪些细节是真的，也不能说沈从文和萧乾他们俩谁是谁非，因为我们不了解他们到底是因为什么事情。再说了，把他们之间的矛盾弄清楚之后，有什么价值和意义？

是的，一九五七年沈从文确实批判过萧乾，这是报刊上都登过的。在我看来，当时沈从文也别无选择。一九四九年以后，沈从文追求进步，他有入党的想法，也确有其事，包括他二十世纪六十年代初期写的《井冈山诗草》，"文革"期间在干校写的诗，也都是很革命的。

我们不要把沈从文看作是与政权对抗的这么一个人，他不是那样的人，他就是一个踏踏实实想做事的人。周恩来赞同他做中国古代服饰研究，给编制，给经费，在那个年代，很少有文化人有这种待遇，所以他做服装史研究，是带着感激的心情去做的。

沈从文不是一个反抗者，也不是所谓的独立思想者。当然并不是独立思想者就不值得尊重。我认为恰恰是沈从文、王世襄这样的人，他们为中国的文化做出了很多别人做不到的贡献。因此，我们在评价沈从文那一代人的时候，既不要拔高，也不要贬低，应该客观。比如沈从文与萧乾、丁玲的矛盾，毋庸置疑，他们每个人都有自身的缺点，比如萧乾，我为他写过传，对这一点我了解得比较深，即便如此，都不足以让我们这些后人拿他们的矛盾去说事。所以我在接受采访的时候，一般都不谈他们之间具体发生过哪些恩怨。

沈从文曾经写过一封长信骂萧乾，萧乾看完之后就退回去了。萧乾曾给我说他将用书信的形式，把他和沈从文的恩怨给我说明白，但是这封信刚写了个开头，他就走了。虽然有些遗憾，但我们能感受到，萧乾对沈从文是有感情的，沈从文去世的当天，他就写了一篇长文发给台湾《联合报》副刊发表，他是最早写文章纪念沈从文的人。我收集了萧乾的很多书信，包括他写给张兆和的几封信，都是写得工工整整的，张兆和的回信也很客气、亲切。

我觉得，沈从文和萧乾，他们两个人各有各的作品，各有各的贡献。萧乾的贡献，比如他的翻译、报告文学、新闻特写等，虽然他的文学地位没有沈从文那么高，但也是沈从文替代不了的，而且萧乾在新闻界的地位也是很高的。

文人之间的纠纷，完全可以一笑了之，包括现在有人谈黄永玉和汪曾祺之间的恩怨，我认为都是没有必要的。化解、调解矛盾才是最重要的。我们在评价历史人物的时候，首先是要看他们的贡献，要看他们之间留下来的一些美好的东西。

❋ 问　您在《黄永玉传奇》这本书中写到了黄永玉二十世纪四十年代后期被批评得很厉害，您说这里面有一个政治背景在里面起作用。当时沈从文也是被批评得很厉害的，黄永玉被批，是不是和沈从文有关系。

❋ 李辉　当时黄永玉的名气不是太大，但他的作品还是有影响力的。批评黄永玉的文章是直接点名批评的，标题就是《黄永玉的木刻倾向》，在落脚的地方顺带批评了一下沈从文。当时沈从文是"第三条道路"的人，当时钱锺书也是，可能是因为这个关系。

❀ 问　您在《黄永玉传奇》这部书中写到了黄永玉与沈从文的学生汪曾祺、萧乾的关系都很好，特别是在黄永玉艺术产生社会影响的起步阶段，他们对他都有过特别的理解和关照，您认为这其中是否有沈从文先生的影响在里面？

❀ 李辉　当然有。

你应该看看黄永玉写的《无愁河的浪荡汉子》，这里面写了湘西十二年，您要了解沈从文的作品，就一定要看看这部著作，因为这部著作包括了当时凤凰的风俗人情、美食、店铺、街景、人物对话等等，沈从文的母亲、哥哥、弟弟、妹妹等都写到了，虽然名字变了，但是你一看就知道是写沈从文他们一家。

你要研究沈从文，就一定也要研究黄永玉，他们之间是有一种传承关系在里面的，虽然两个人的文章风格不一样，各自的性格也不一样，但是整个文学的语言和感觉是一样的。你看黄永玉的散文是看不出政治性的东西在里面的，沈从文的文学和家书其实也是这样，都是很值得研究的。

❀ 问　您给黄永玉立传，是黄永玉请您写的，还是您自己写的？为活着的文化名人立传，您是否感受到过压力？黄永玉有没有评价过您为他立的传？

❀ 李辉　不是黄永玉让我写的，他也不会让我写。

我和黄永玉有近三十年的交往。我最早想给黄永玉写传是在一九八九年他邀我去湘西凤凰，当时他的小学同学很多都还在世，大概有十几个，我请黄永玉把这些人的名字写出来，然后把他们请到我住的房间，请他们回忆黄永玉小时候是什么样子。可惜当时没有录音机，我只记了笔记，现在很多老人都不在了，每年和黄永玉回去，都有走的。到今年只剩一位老人了。

❊问　您在和这些凤凰老人交谈时，能听懂他们说话吗？

❊李辉　能！我是湖北人，我们那儿讲话和湘西人讲话很接近的，生活习惯也很像。所以和湖南人打交道，一点儿语言障碍都没有。虽然不会讲，但都能听懂。

❊问　黄永玉先生是不是一个很挑剔、很难打交道的人？

❊李辉　不挑剔。只是每个人都有自己喜欢的类型，他是一个造诣很深的艺术家，所以他看人的时候是有自己的一套的。第一次见面，一看这个人喜欢不喜欢，他是有的。

❊问　黄永玉先生今年九十岁了，他的身体还好吗？

❊李辉　挺好的。他每天写小说。我现在的任务之一就是每天逼他写小说。他在《收获》上连载这部长篇小说。因为他都是用手写的，所以他写好后我请人帮忙录入电脑里，然后发送给《收获》杂志，这个工作我做了快六年了。《无愁河的浪荡汉子》的第一卷现在已经结集出版。

❊问　您在《胡风集团冤案始末》的后记写了这样一段看似有趣，实际却是意味深长的话："写作过程中，我时常设想有一天，我会和一个不同的李辉对话。这个李辉自称有上帝赋予的全知全能，掌握了所有有关的历史档案，于是，他对我说：'你的这本书完全是小孩子的玩具，丝毫没有涉及历史的真相。你所掌握的材料，充其量只是只言片语和无关紧要的。真正关键性的、最能说明历史进程原因的材料，除了我，任何人也无法得到。所以，你也好，别人也好，对历史的叙述和分析，永远是不着边际的。'"在历史面前，作为个体的我们,犹如一只小蚂蚁,对很多事情实际上都是无能为力的。您当时在完成这部著作的时候,是因为还有很多您想表达却未能表达的历史事件而发出这样的感慨的吗?

❋ 李辉　那是一九八八年写的。我经常觉得,我们在研究历史,自以为自己掌握了什么东西,有可能关键的东西其实并没有掌握,但是又不能不研究不写,对于研究历史的人来说,特别是最后一个档案材料出来之后,有可能推翻你所做的所有结论,这也是研究当代历史的很多专家感到困惑、忐忑不安的事情,当内部档案一出来,很有可能他们所做的结论会被证明是完全错误的,这种情况是有可能发生的。

❋ 问　请您谈谈您写《封面中国——美国〈时代〉周刊讲述的中国故事(1923—1949)》的过程。

❋ 李辉　我写这本书是因为董乐山先生去世之前,给我推荐 China hands 这本书,这本书的内容是关于一九二七年到一九四九年几代美国记者在中国的情况,也是作者父辈那代人在中国做记者的命运。董乐山先生认为我看了之后会感兴趣,就推荐我看。

我看了之后果然很感兴趣,就通过他的哥哥董鼎山找到书的作者。后来我把这本书翻译出来了。在翻译的过程中,我又写了一些专栏文章,这个专栏叫"历史现场"。中央电视台纪录片制片人陈晓卿看了我的文章,很感兴趣,就找我为央视做了一个纪录片《在历史现场——外国记者眼中的中国》。后来我带着这个目的去美国,一是采访 China hands 的作者,二是到美国国会档案馆和国会图书馆查资料,包括找录像资料。我根据这次美国之行所得,写了一本《在历史现场》,在写这本书的过程中发现了《时代》杂志。

现在看来，能写成《封面中国——美国〈时代〉周刊讲述的故事（1923—1949）》这本书，是很多因素促成的：一是对现代文学史感兴趣；二是了解美国的记者情况；三是英文要好，至少要看得懂别人写的文章；四是能吃得了苦，因为要做大量的案头工作，要下苦功夫，不是投机取巧能够做成的；五是要能写。

我分析了一下，以前没有人写这类题材的书，可能是因为别人没有想到，或者想到了没有时间去做，或者不愿意去做。写小说的或者写历史的人，他们可能写中国历史，但未必了解媒体行业，也有可能英文不好，英文不好可能就想不到要通过看外国的杂志来研究中国的历史。我在写《封面中国——美国〈时代〉周刊讲述的故事（1923—1949）》的时候，就感觉自己前面三十年的积累都是在为写这本书做准备。

一九九三年是《时代》周刊创刊七十周年，当时《时代》周刊出了一个合订本，把所有的封面都复印出来了，每年五十二期。我很想看看截止到一九九七年，到底有多少中国人登上过这个杂志封面。有个朋友知道我对《时代》周刊感兴趣，就送了我一本。我把属于中国人的都勾出来，刚开始我只想做翻译，但做翻译，我又觉得不值得，应该做深入研究。于是我就将这些封面人物与中国当时的时代背景，以及相关人士的回忆录与同时期国外历史和相关人士的回忆录进行比较，《封面中国——美国〈时代〉周刊讲述的故事（1923—1949）》在这种情况下诞生了。

《封面中国——美国〈时代〉周刊讲述的故事（1923—1949）》出版后，反响很好，二〇〇六年还得了一个华语文学传媒年度散文家奖，我也很有成就感，常有一种写《封面中国——美国

〈时代〉周刊讲述的中国故事（1923—1949）》非我莫属的豪迈感。我现在写《封面中国——美国〈时代〉周刊讲述的中国故事（1923—1949）》第三卷，内容涉及我从十岁到二十二岁上大学这十二年我所见证的中国历史与美国《时代》周刊所见证的中国历史，从而形成一个对照，描述外国人眼中的中国和我自己眼中的中国，宏观与微观穿插叙述，估计明年年底可以收笔。

❋ 问　您写了这么多部书，却不陷入模式化写作，每一部都有自己的风格。您是如何做到这一点的？

❋ 李辉　因为叙述不同的主题，描述不同的对象，肯定就会用不同的方法。比如写传记，写萧乾、写巴金、写沈从文与丁玲等，所用的写作手法肯定是不一样的，所以在写的时候，我主要是根据他们各自的特点来写的。

写萧乾，主要是侧重于个人故事。

写黄苗子与郁风，主要是侧重于他们的人生传奇故事和磨难。

写胡风，几十位亲历者的口述是主要的，不可能有太多的抒情或者文学的东西在里面，相对于他们的悲剧来讲，任何抒情都是无力的、苍白的，因此写胡风的这本书最大价值就在于它的纪实性。

写沈从文与丁玲，则是带有一定的学术研究性质，同时又穿插人生故事，所以在叙述方式上也有差别，不能纯粹抒情，也不可能纯客观理性，尽管我采用的是一种客观的叙述方式，但还是有我自己的情感和判断在里面，很明显，我的情感是倾向沈从文的。因为人是复杂的，都有自己的性格和特点，所以对丁玲，我也不是完全采取贬低的态度，她的性格和特点是当时的政治背景所影响的，对她，我可能是有一种理解、悲悯的情感在里面。对我来讲，这种悲悯感随着年岁的递增，就越显强烈。因为经历的事情越多，对他们那一代人的理解也就越深，也能体会他们的不容易。今年我的《绝响——八十年代亲历记》获得二〇一三年华语文学传媒散文家奖，在接受记者采访时，我就对记者说，再写丁玲、曹禺等历史文人时，我对他们有了更深的理解。如果是二十年或者三十年前去写他们，我肯定是持一种批评的态度，或者用一种贬损的笔调去写他们，但是现在肯定不是这样的，写他们的时候，我是把他们放在历史的背景下。一个作家、一个知识分子，在一个大的社会政治动荡运动中能够活下来，本身就是一件很不容易的事情。他们在写东西的时候扭曲自己，我们应该理解他们心中的痛苦。这也是我写了这么多文人之后的一点儿感受。

《沧桑看云》写了几十个人，我花了三年多时间，这是一种转型的写作方式，首先在《收获》上发表，后来结集出版。

写《封面中国——美国〈时代〉周刊讲述的中国故事（1923—1949）》，就完全不同于《沧桑看云》的风格，因为是外国人眼中的中国，主要以翻译报道为主，穿插当事人的历史回忆和社会背景等，构成一个历史全貌，或者说是构成了一个我所感兴趣的历史板块。从二〇一三年开始，我写《封面中国——美国〈时代〉周刊讲述的中国故事（1923—1949）》第三卷，主要是谈"文革"十年，在谈历史的同时，又融入一些我自己的亲身经历，以绝响的方式来写。所以我的写作过程是在变化的，主要是根据书写的对象进行调整。

❋ 问　您的写作给人的感觉是视野越来越开阔。您是怎么做到这一点的？

❋ 李辉　我一直都比较注重综合性思考，我认为整合能力、观察能力、资料收集能力等都是相辅相成的，当你拥有很多资料的时候，你就要选取一个点,那么找到这个点其实就是你发现问题的能力。对研究者来讲,其实就是一个滚雪球的过程。比如一个专题做完了,我们会去做一些新的专题,这些新的专题往往又是建立在旧的专题的基础之上,而不是完全把之前做过的甩开,这里面一定是有一些交融和相通的地方。比如我在写《封面中国——美国〈时代〉周刊讲述的中国故事(1923—1949)》时,就觉得自己前三十年的积累都是在为写这本书做准备,特别是现在写《封面中国——美国〈时代〉周刊讲述的中国故事(1923—1949)》第三卷,之前花了三年多的时间写的《沧桑看云》,里面的很多东西都和《封面中国——美国〈时代〉周刊讲述的中国故事(1923—1949)》第三卷融合在一起了。将来如果我写《黄永玉传奇》第二卷,可能就会将二十世纪七十年代中国的社会文化史融入进来,形成一个人物交往史,这和之前写过的东西也是相通相融的。现在还没有动笔写,但是肯定是继续往前走的写法。

❋问　截止到当下,您共策划出版过多少部书籍?

❋李辉　我和出版社合作了十多年,出版策划的书籍有两百多种。比如"大象系列丛书",共六套,大概有两百多种;"火凤凰"系列丛书,有书信、日记等,几十种,都是我主编策划的,总序也是我写的。像黄裳等人的书信,冯亦代、吴祖光等人的日记也是我整理的。

❋问　您和一百多位中国现代文化老人打过交道,您的最大心得是什么?

❋李辉　真诚待人,讲信誉!

采访者:张晓眉

一扫常规,纯任天然

❋

沈从文先生的最后一次故乡湘西凤凰行,是在一九八二年。在黄永玉先生的催促和安排下得以成行。这一年,他八十岁,除黄永玉之外,另一位陪沈从文回故乡的是黄苗子先生。

因为二叔郁达夫之故,黄苗子、郁风夫妇自二十世纪五十年代起与沈从文就一直有着密切往来。沈从文不止一次向他们讲述当年郁达夫对他的帮助。一九二三年,独自漂泊北京开始闯荡文坛的沈从文,在生存艰难之际给郁达夫写信吁请关注和帮助。此时,来到北京的郁达夫住在哥哥郁华——即郁风父亲的家中。沈从文没有想到,郁达夫收到信之后,居然很快就来到他所寄寓的湖南会馆。见他又饿又冻,郁达夫马上把自己围着的毛围巾取下,披在沈从文的身上。接着,又请他去吃饭。事情没有结束。郁达夫回到家中,脑子里一直无法抹去所看到的沈从文的景况。他当即写下了著名的文章《给一位文学青年的公开状》,为沈从文这类"北漂"文学青年而呼吁。

沈从文说那情景他一辈子也不会忘记:"后来他拿出五块钱,同我出去吃了饭,找回的钱都送给我了。那时候的五块钱啊!"八十岁那年,他又一次这样告诉郁风和黄苗子。说着,说着,沈从文的眼睛湿润了，接着又笑了，笑得十分天真。

有这种情感的渊源，加上沈从文研究服饰史，对工艺美术和绘画颇有见地，他与黄苗子之间也就有了不少共同的兴趣爱好。这些都成了他们彼此文字往来和交谈的内容。

有意思的是，身为苗族的沈从文，对"苗子"这个名字颇有异议。他说，在湘西，"苗子"是过去汉人对苗族人的贬称。于是，在写信或题跋时，他习惯把"苗子"写为"苗滋"。一九八二年在故乡，沈从文再次提醒一同前往的黄苗子先生："这是苗区，你不能用'苗子'这个名字。不然，苗族人会觉得不舒服。"于是，如今在沈从文母校文星阁小学那个著名泉水旁，有黄苗子当年题写的"一瓢饮"石碑，落款就写为"苗滋"。

沈从文与黄苗子时有书信往来。一九七六年一月，在周恩来去世的第二天一大早，他发现门外塞进一个信封，打开一看，是沈从文写的一封长信，有十多页。信中谈古代服饰史研究，谈局势，谈对未来的担忧，言辞坦率而激烈。信后特地注上一句"阅后一定烧去"。此时，黄苗子与郁风从秦城监狱回家还不到一年，自然不敢留下，阅后当即将信烧掉。"真是太遗憾了。要是不烧，留下来该多好。多有价值的一封信呀！"每次提到此事，黄苗子都要连声叹息。

好在黄苗子还留下了另外一些沈从文的来信和书法。后来，他知我研究过沈从文，遂将其中一幅书法转赠于我。

这幅草书写于一九七五年。沈从文当时喜欢书写古诗十九首，我受赠的这幅书《青青河畔草》："青青河畔草，郁郁园中柳。盈盈楼上女，皎皎当窗牖。娥娥红粉装（妆），纤纤出素手。昔为倡家女，今为荡子妇。荡子行不归，空床难独守。"诗后沈从文另写

一段题跋,简述自己练习书法的体会:

> 有意使笔放纵,仍处处见拘持。可见性格之迂腐,实近乎不可救药,终难摆脱"习书生"庸俗书体,真正行家必一望而知其做作处也。再书奉苗滋郁风两位一叹。弟从文乙卯国庆节后之五日,时同住北京大城中。

我尚未在别处见到过沈从文谈论自己的书法,故此题跋有特殊意义。难得的是,黄苗子先生为此幅书法特地补写一题跋简述沈从文的书法艺术:

> 七八十年代,沈从文先生经常写古诗十九首以赠亲友,其书法功力至深,予曾获观其早年在行伍时为所书某军校碑,豪健潇洒,近李北海。晚年参以章草,自成一家,而益纵肆;其书顺笔所之,有时且加以涂抹勾改,如颜真(卿)祭侄稿,一扫常规而纯任天然,为历代书法所未见。此幅乃一九七五年十月六日赠予及郁风者。其跋云"有意使笔放纵,仍处处见拘持"等语,盖谦辞也。予以所藏先生墨迹数幅之多,因以此转赠李辉应红,并记数言。苗子羊年元旦。

此题跋书写俊秀雅致,与沈从文的龙飞凤舞相互辉映。黄苗子先生既是书法家又是美术史论专家,他的评点可以帮助我们认识与欣赏沈从文的书法。

几年前,黄苗子先生仙逝,他可以和沈从文先生在天堂相聚,再论书艺。我分别写过两位先生的传记,如今,欣赏他们的合璧之作,既可寄寓怀念,也是难得的艺术享受。

· 2015年 ·

穿过洞庭，翻阅大书

※

最近，我将黄永玉所有写沈从文的文章，以及沈从文所写黄家的文章和书简，编选成一本《沈从文与我》，交由湖南美术出版社出版。

看似一本小书，历史内涵却极为丰富，文化情怀与亲友情感呼应而交融，呈现出无比灿烂的生命气象。因为，沈从文与黄永玉之间的故事，实在是一本不可多得的厚重之书。

翻开这本小书，我们在读一部大书。

常德的浪漫

黄永玉与沈从文的亲戚关系相当近。沈从文的母亲，是黄永玉祖父的妹妹，故黄永玉称沈从文为表叔，近一个世纪的时间里，两家关系一直非常密切。其中，还另有一个特别重要的原因——沈从文亲历黄永玉的父母相识、相爱的全过程，并在其中扮演着一个特殊角色。

一九二二年的湖南常德，一个小客栈里寄宿着两个来自凤凰的年轻漂泊者，一个是沈从文，另一个是他的表兄黄玉书。沈喜爱文学，黄喜爱美术。在沈从文眼里，这位表兄天性乐观，即便到了身无分文拖欠房租,被客栈老板不断催着他们搬走的境地,他依然于自嘲中表现出诙谐与玩世不恭。根据沈从文的回忆,黄玉书结识了同样来自凤凰的姑娘——杨光蕙,凤凰苗乡得胜营人氏,任常德女子学校美术教员,两人很快恋爱了。

关于黄玉书的这一感情进展,沈从文说得颇为生动形象:"表兄既和她是学美术的同道,平时性情洒脱到能一事不做整天唱歌,这一来,当然不久就成了一团火,找到了他热情的寄托处。"更有意思的是,沈从文说他开始替表兄写情书。每天回到客栈,表兄就朝沈从文不停作揖,恳请他为自己向杨姑娘代笔写信。沈从文在湘西从军期间,曾是长官的文书,代为起草文件,偶尔还为人书写碑文。当读到这篇《一个传奇的本事》时,我们方知他还是表兄的情书代写者。谁想到,在一九二三年前往北京闯荡社会走进文坛之前,他竟是在这样的情形下,开始了文学写作的预习。

就这样,两个相爱的凤凰人,在另一个凤凰人的帮助下,进行着浪漫的爱情。一九二三年,沈从文离开常德,独自一人前往北京,开始他的文学之旅。表兄说得不错,几年之后,他所欣赏的表弟真的成了文坛的新星。

沈从文走后,黄玉书仍留在常德。同一年,黄玉书与杨光蕙在常德结婚。一年后,一九二四年八月九日(农历七月初九),他们的长子在常德出生。几个月后,他们将他带回凤凰。

不用说,这个孩子就是黄永玉。

漂泊中"翻阅大书"

世上能让黄永玉心悦诚服的人并不多,但在为数不多的几个人中，沈从文无疑排在最前面。多年来与黄永玉聊天，我听到他提得最多、语气颇为恭敬的，总是少不了沈从文。在黄永玉与文学的漫长关联中，沈从文无疑是极为重要的一环。

我认识黄永玉其实与沈从文有关。一九八二年，在采访全国文联大会时我认识了沈从文，随后去他家看他，在他那里第一次读到黄永玉写沈从文的那篇长文《太阳下的风景》。看得出来，沈从文很欣赏黄永玉。我的笔记本上有一段他的谈话记录，他这样说："黄永玉这个人很聪明，画画写文章靠的是自学，他的风格很独特，变化也多。"当时，我主要研究现代文学，对沈从文、萧乾有很大兴趣。这样，我也就从沈从文那里要到了黄永玉的地址。由此相识，几近三十年。

不少人写过沈从文，但写得最好的是黄永玉。一九七九年岁末，黄永玉完成了长篇散文《太阳下的风景》，文章中的最后一段话，总是让人产生丰富的想象，感触良多：

我们那个小小山城不知由于什么原因，常常令孩子们产生奔赴他乡的献身的幻想。从历史角度看来，这既不协调且充满悲凉，以致表叔和我都是在十二三岁时背着小小包袱，顺着小河，穿过洞庭去"翻阅另一本大书"的。

的确，他们两个人有那么多的相似之处。

他们都对漂泊情有独钟。沈从文随着军营在湘西山水里浸染个透，然后独自一人告别家乡，前往北京。黄永玉也早早离开父母，到江西、福建一带流浪。在漂泊中成长，在漂泊中执着寻找打开艺术殿堂大门的钥匙。

两个人又有很大不同。沈从文到达北京之后，就基本上确定了未来的生活道路，并且在几年后，以自己的才华引起了徐志摩、胡适的青睐，从而，一个湘西"乡下人"，在以留学欧美知识分子为主体的"京派文人"中占据了重要的一席之地。黄永玉则不同。由于时代、年龄、机遇和性格的差异，他还不像沈从文那样，一开始就有一个既定目标。他比沈从文的漂泊更为频繁，眼中的世界也更为广泛。在十多年时间里，江西、福建、上海、香港、台湾……他差不多一直在漂泊中，很难在一个地方停留下多少日子。漂泊中，不同的文学样式、艺术样式都曾吸引过他，有的也就成了他谋生的手段。正是在一次次滚爬摔打之后，他变得更加成熟起来。在性情上，在适应能力上，他也许比沈从文更适合于漂泊。

"他不像我，我永远学不像他，我有时用很大的感情去咒骂、去痛恨一些混蛋。他是非分明，有泾渭，但更多的是容忍和原谅。所以他能写那么多的小说。我不行，忿怒起来，连稿纸也撕了，扔在地上践踏也不解气。"黄永玉曾这样将自己和沈从文进行比较。

"生命正当成熟期"

是沈从文起了"黄永玉"这个笔名。

一九四六年前后，黄永玉最初发表作品时是用本名"黄永裕"，沈从文说，"永裕"不过是小康富裕，适合于一个"布店老板"而已，"永玉"则永远光泽明透。接受表叔建议，黄永玉在发表作品时，不再用"黄永裕"而改为"黄永玉"。从此，"黄永玉"这个名字得以确定，沿用至今，本名反倒不大为人所知了。

沈从文对黄永玉的影响，在我看来，并不在于文学创作的具体而直接的影响与传承，因为两个人的文学理念、风格，其实有着一定差异。我更看重的是，他们之间更为内在的一种文学情怀的关联，一种对故乡的那份深深的眷念。

黄永玉回忆过，他儿时曾在凤凰见过沈从文一面，即沈从文一九三四年回故乡探望重病中的母亲，以给张兆和写信方式创作《湘行散记》之际。黄永玉当时只有十岁，匆匆一见，只问一声"你坐过火车吗"，听完回答转身跑开而已。

抗战胜利之后，在北平的沈从文意外得知表兄的儿子已经成为木刻家，活跃于上海木刻界。从此，漂泊在外的表叔侄二人，开始有了联系与交往。

一九四七年初，黄永玉将四十余幅木刻作品寄至北平，希望得到表叔的指点。《一个传奇的本事》即在这一背景下写作的，这是目前所见沈从文对黄永玉其人其画的最早涉及。

沈从文当年不仅本人欣赏与喜爱黄永玉的木刻，还将他推荐给他的朋友和学生，如萧乾、汪曾祺等人，希望他们予以帮助和支持。此时，黄永玉刚刚走进上海，其木刻艺术开始崭露头角，沈从文的这一举荐，无疑丰富了黄永玉的文化人脉，对其事业发展起到了一定推动作用。一九四七年在上海，汪曾祺与他成为好朋友；一九四八年在香港，萧乾促成黄永玉在香港大学举办了人生中的第一次个人画展。于是，年轻的黄永玉，在一个更大的舞台上脱颖而出，赫然亮相。

从容，在太阳下的风景中

"文革"刚刚结束，黄永玉便把沈从文作为他第一个用心描述的"比我老的老头儿"，绝非偶然。他们之间，实在有太多的历史关联。换句话说，在黄永玉的生活中，表叔一直占据着颇为重要的位置。三十多年时间里，他们生活在同一城市，有了更多的往来、倾谈、影响。

在我的藏书中，有两本有意思的书与他们叔侄有关。一本是一九五七年黄永玉出版的插图集《阿诗玛》，为该书题签的是沈从文，而且是用不大常见的隶书；另一本是一九六〇年沈从文出版的专著《龙凤艺术》，封面上的苗族妇女速写是黄永玉专门为此书而画。两本书互有关联，恰是那一时期两代凤凰人的文化唱和。

亲情、方言、熟悉的故乡、相同的非党艺术家身份……多种因素使得他们两人少有隔阂，交谈颇深，哪怕在政治运动此起彼伏的日子里，往来也一直延续着。艰难的日子里，正是彼此的相濡以沫，来自湘西的两代人，才有可能支撑各自的文化信念而前行。

沈从文是黄永玉写得最多也是写得最丰富生动的一个人物。他钦佩表叔精神层面的坚韧，欣赏表叔的那份从容不迫的人生姿态。他写表叔，不愿意用溢美之词，更不愿意将其拔高至如伟人一般高耸入云。《太阳下的风景》《这些忧郁的碎屑——回忆沈从文表叔》《平常的沈从文》……他以这样的标题，多层面地写活了一个真实、立体的沈从文。

在黄永玉笔下，沈从文平常而从容，总是怀着美的情怀看待这个世界。因热爱美，沈从文才执着于对美的研究。过去，他倾心于文学创作，在《边城》和《湘行散记》等一系列作品中，升华生活之美，渲染或营造心中向往之美；如今，在远离文学创作之后，他又将古代服饰研究转化为对美的发掘。拥有此种情怀的沈从文，与黄永玉有另外一种与众不同的交流。

从容，欣赏美，沉溺于创造，这样的沈从文，为黄永玉竖起一个高高的人生标杆。

一九八二年，黄永玉带着八十岁的沈从文一起回凤凰，住在位于白羊岭的黄家。这是沈从文的最后一次故乡行。六年后，沈从文去世，骨灰送回故乡，安葬在凤凰城郊一处幽静山谷。沈从文墓地的一块石碑上，镌刻着黄永玉题写的一句话："一个士兵要不战死沙场，便是回到故乡。"

沈从文翻阅过的人生大书，从此合上。他永远融进故乡太阳下的风景。

年过九旬的黄永玉，还在翻阅他的人生大书，一部正在写作中的《无愁河的浪荡汉子》，延续着故乡情怀。他不止一次说过，这部小说，如果沈从文能看到，一定很喜欢，也一定会在上面改来改去。如今，坐在书桌前的黄永玉，仿佛仍能感受到沈从文的关切目光，一直连载着的这部长篇小说中，仍能听到熟悉的声音，看到熟悉的身影在闪动。

一部大书，在延续……

‹ 2016年 ›

去苏州，寻找九如巷

每次走进苏州，我总爱选择漫步。一个人，或约上一两个朋友，穿行在大街小巷，如同行走于名山大川，景随步移，情随景生。被历史文化雕琢得玲珑剔透的狮子林、沧浪亭，走进去，不急于每个角落都走到，而是找一个幽静之处坐下，看假山垒石，听潺潺水声。偶尔有游人走过，闲听彼此间的调笑，遂平添出诸多乐趣。笑声走远，复归于幽静。抬头，忽见有云朵飘逸，虽无身在名山大川感受"行到水穷处，坐看云起时"的意境，但云影与园林树丛楼阁相映衬，另有一番情调。惜乎此种访古寻幽的情趣，不是在每一个城市、每一次闲坐都能有幸享受得到的。

有目的地追寻历史场景，则是另外一种情趣。大约十年前，有一次在苏州，我从十全街的住地出发，穿过大街小巷，寻访沈从文留在沧浪区九如巷的踪影。

曾与沈夫人张兆和聊天，听老人谈她的故乡苏州：在九如巷三号这座小院里度过快乐童年；沈从文忐忑不安地第一次走进小院；张家父母高兴地接纳这位向张兆和求婚的湘西"乡下人"作家；张父与沈从文拥有文化共鸣；"文革"后期，一九七六年八月，北京的住处在唐山大地震中山墙部分倒塌，为避难，沈从文夫妇回到这里寄寓数月……

小巷已非小巷，远没有老人描绘过的、我曾经想象过的那种雅致韵味。老房子大多消失了，取而代之的是二十世纪七八十年代修建的那种粗糙的方块状楼房。不过，好在小院依旧。张兆和的弟弟张寰和居住在此——从出生到如今，张先生一直在此生活。二〇一四年，张寰和先生去世，享年九十六岁。

走进去，但见南北两排厢房，白墙黑瓦屋顶，门前各有长长一排走廊，廊柱已显灰暗。院子中央一口老井，四周拾掇得干干净净，井水，映一片天空。井沿为青石板，高出地面约半尺，上面已磨出十多道或深或浅的绳沟。

走进沈从文在这里住过的房间。门半掩，门框油漆剥落；木地板踩上去吱吱作响；一把藤椅，藤皮泛着深黄。旧时岁月都苍老了。

一间客厅里，悬挂着沈从文功力深厚的章草。他写的是人们熟知的李白的诗："朝辞白帝彩云间……"写得气势酣畅，龙飞凤舞里挥洒着沈从文沛然而出的激情。避难寄居苏州时，是他个人艰难之时，现实令他忧虑。读《沈从文全集》，见他从苏州给外地的儿子写信说："目前总形势计……在可见的日子内还要使人感到痛苦是必然的，无可避免的……还要经过些更大的痛苦才会好转。……但是应当相信，任何恶趋势都是会扭转的……"时光消磨，才华虚掷，十年、二十年沉寂于角落的沈从文，在苏州等待再度文化创造的日子到来。

仅仅几个月，便传来"四人帮"下台的消息。沈从文在致友人的信中说："把我们所想象的几乎在一夜之间便变成事实。使得每个成年人都像年轻了十岁。"欣喜若狂的心情可以想见。我推测，沈从文书李白这首豪迈潇洒之诗，或许挥毫于此时。他渴望着一个新的开始，准备着千里京城一日还的启程。

一座含蕴深厚的城市，总是会在不经意间为一个人的生命补充养分。就像小院的老井，总是吸纳飘落的雨点，再以一泓清水映衬一片天空。

我走进九如巷小院的那一年，距张兆和去世不到两年，伫立其中，自然想到她，想到沈从文。

一直难忘最后一次去看望她的情景。沈从文百年诞辰纪念的前几天，衰老的她思维虽不再明晰，记忆也显得模糊，但仍还可以本能地与人简单对话。

我指着沈先生一张肖像，问她："认识吗？"

"好像见过。"又说，"我肯定认识。"但她已说不出"沈从文"这个名字。

我心凄然。衰老与疾病，常常就这样让一个个我所熟悉、所敬重的老人失去旧日的风采。这是规律，残酷而无奈。一个月后，老人走了，她亲切、和蔼的声音，却一直留在我的怀念中。

一切都过去了。随着张充和去世，九如巷里的张家四姐妹都走了。

忽然想到了我的第一次苏州行。一九七八年，我刚到上海复旦大学念书，"五一"期间，陪从家乡到上海出差的中学同学游览苏州。我们漫步，走盘门，过胥门，进沧浪亭⋯⋯再走进一个小饭馆坐下。

当时刚刚恢复高考，第一届新大学生还是新鲜事，衬衣上戴一枚白底红字的"复旦大学"校徽，总是会引来目光。邻桌有两个苏州女孩，她们看看我，然后低头议论几句，说什么听不清，也听不懂，但那个漂亮女孩的细语柔声却让我陶醉其中。我不敢大胆注视她们，但也不时悄悄瞥上一眼,游览的感觉顿时美妙了许多。一会儿,她们先站起来,走过我身旁时,她们还在交谈。我忍不住,还是斗胆抬起头,想好好看看那个漂亮女孩。她似是注意到我的唐突,朝我抿嘴微微一笑,转身就挽着同伴的胳膊离去。

倩影飘然而去,转眼已是三十八年。那一瞥目光,那一声吴侬软语,早已融进苏州韵味,融进记忆了。

‹ 2017年 ›

徐志摩常在他心中

五十年，当年情景犹在眼前

沉寂三十年，"文革"结束之后的沈从文，渐渐开始引起人们关注。美国年轻学者金介甫，曾在一九七七年撰写《沈从文笔下的中国》，获得哈佛大学博士学位，可谓天下第一人。一九八〇年十月，从未远行过的沈从文，有了第一次访问美国的计划。在夫人张兆和的陪同下，这一去就是一百天有余，一九八一年二月中旬才回到北京。在美国，沈从文先后在耶鲁大学、哥伦比亚大学、普林斯顿大学、芝加哥大学等十五所大学做了二十三次演说。一个沉寂多年的著名作家，奇迹般站在异国他乡的讲坛上。

逗留哥伦比亚大学期间，沈从文终于与老友王际真重逢，距两人上次见面，已有半个世纪之久。王际真已退休二十年，为人孤僻，独居家中，不大与外界交往。沈从文四处打听，终得见面。

介绍沈从文与王际真认识的是徐志摩，时间远在一九二八年。这一年，在美国教学的王际真回山东探亲，徐志摩请沈从文在上海接待，从此，两人时常通信，英文信封则由王际真在美国写好寄回。如有新作，沈从文也会在第一时间寄去。半个世纪，多么遥远！老友重逢，王际真从抽屉里拿出沈从文二十世纪二十年代的两本旧作《鸭子》《神巫之爱》，沈从文为之感动。最令他感动不已的，王际真居然找到一九三一年十一月二十三日沈从文的一封信，告知他徐志摩在济南空难噩耗的消息。

沈从文回忆说，十一月二十一日他正在青岛大学杨振声先生家，忽然得知徐志摩十九日在济南遭遇空难的噩耗，第三天即给王际真写信。他知道这位好朋友，一定牵挂着徐志摩。全信如下：

> 际真：志摩十一月十九日十一点三十五分乘飞机撞死于济南附近"开山"。飞机随即焚烧，故二司机成焦炭。志摩衣已尽焚去，全身颜色尚如生人，头部一大洞，左臂折断，左腿折碎，照情形看来，当系飞机坠地前人即已毙命。二十一此间接到电后，二十二我赶到济南，见其破碎遗骸，停于一小庙中。时尚有梁思成等从北平赶来，张嘉铸从上海赶来，郭有守从南京赶来。二十二晚棺木运南京转上海，或者尚葬他家乡。我现在刚从济南回来，时（一九三一年十一月）二十三早晨。

整整五十年过去，两位老友重读此信，徐志摩的音容笑貌，又在眼前浮现。

回到北京，沈从文一九八一年八月写下长文《友情》，其中一句说得十分感人："志摩先生是我们友谊的桥梁，纵然是痛剸人心的噩耗，我不能不及时告诉他。如今这个才气横溢光芒四射的诗人辞世整整有了五十年。当时一切情形，保留在我印象中还极其清楚。"

与徐志摩的友情，常在沈从文心中。

第一个帮助沈从文的人——郁达夫

沈从文一九二三年只身一人，从湘西前往北平，追求文学梦想。这一年，他二十一岁，可谓当年的"北漂文青"。

一年之后，郁达夫接到沈从文的来信，得知滞留北平的处境艰难，他专程前来沙滩住所看望。这些日子，在《见字如面》节目中，朗诵的便有郁达夫的《给一位文学青年的公开状》，这封公开状，就是写给沈从文的。我在撰写《黄苗子与郁风》这本传记时，从郁风那里听到这个故事，她说，是沈从文本人亲自告诉她当年的情形。

沈从文告诉郁风，那是一个下雪的上午。他在桌旁裹着被子写作，一个人推门进来，原来就是郁达夫。他说接到沈从文来信，专门来看看沈从文的情况。看到沈从文果然如同信中所言，在一种艰苦的环境中坚持着文学梦想。房间没有火炉，沈从文冻得发抖，见到郁达夫，他几乎一时说不出话来。郁达夫见状，马上把自己围着的毛围巾取下，把雪花抖掉，然后披在沈从文的身上。接着，郁达夫拿出当时并不算少的五块钱，请沈从文到饭馆吃饭，并把所找的零钱都送给了沈从文。郁达夫回到哥哥郁华家中，脑子里一直无法抹去所看到的沈从文的景况。他不把这看作一个孤立的事情，他认为这是这个现实社会的悲剧的一角。他当即写下了这篇著名的《给一位文学青年的公开状》，为受到社会冷遇、生活艰难的青年鸣不平，进而抨击社会的黑暗和不公。郁达夫写道：

> 比较上可以做得到，并且也不失为中策的，我看还是弄几个旅费，回到湖南你的故土，去找出四五年你不曾见

过的老母和你的小妹妹来，第一天相持对哭一天，第二天因为哭了伤心，可以在床上你的草巢睡去一天，既可以休养，又可以省几粒米下来熬稀粥，第三天以后，你和你的母亲妹妹，若没有衣服穿，不妨三人紧紧的挤在一处，以体热互助的结果，同冬天雪夜的群羊一样，倒可以使你的老母不至冻伤，若没有米吃，你在日中天暖一点的时候，不妨把年老的母亲交付给你妹妹的身体烘着，你自己可以上村前村后去掘一点草根树根来煮汤吃。草根树根里也有淀粉，我的祖母未死的时候，常把洪杨乱日，她老人家尝过的这滋味说给我听，我所以知道。现在我既没有余钱可以赠你，就把这秘方相传，作个我们两位穷汉，在京华尘土里相遇的纪念罢！若说草根树根，也被你们的督军省长师长议员知事掘完，你无论走往何处再也找不出一块一截来的时候，那么你且咽着自家的口水，同唱戏似的把北京的豪富人家的蔬菜，有色有香的说给你的老母亲小妹妹听听，至少在未死前的一刻半刻中间，你们三个昏乱的脑子里，总可以大事铺张的享乐一回。

（《给一位文学青年的公开状》）

郁达夫看望沈从文归来后所写的这封信，发表于一九二四年十一月十六日《晨报副刊》。一个多月后，《晨报副刊》发表沈从文的《一封未曾付邮的信》，这被认为是他最早发表的作品。想必这与郁达夫的文章有关，《晨报副刊》成为沈从文早期发表作品最多的副刊，包括小说、诗歌等。

副刊情缘

沈从文以新诗创作走进诗坛。一九二五年九月,他致信徐志摩,两人相见,从此建立友谊。徐志摩生于一八九七年,只比沈从文大五岁,但他在文坛的影响如日中天。晚年沈从文在《回忆徐志摩先生》一文,描述他与徐志摩的第一次见面情景:

> 我算是熟知志摩先生仅余的几个旧人之一,从一九二五年九月里,和他第一次见面,就听到他天真烂漫自得其乐,为我朗诵他在夜里写的两首新诗开始,就同一个多年熟人一样。第一次见到徐志摩先生,是我读过他不少散文,觉得给我崭新深刻动人印象,也正是我自己开始学习用笔时。就不知不觉受到一种鼓舞,以为文章必须这么写,不同当时流俗所赞美的桨声灯影的秦淮河一类作品,才给人眼目一新的印象。事实上我那时即乐意学习,也不会能收到丝毫效果的。那是新月社还未成立,无什么出版物,新月社同人集会,也近于散场冷落的情形时。他的住处似还在松树胡同七号一所小小洋式房子里,住处后有个小小院落,齐腰栏杆边放上几盆菊花和秋海棠。一面墙上挂满了绿叶泛黄的爬虎墙,应当是已到深秋还未大冷的时候。我这么一个打烂仗出身的人,照例见生人总充满一种羞涩心情,不大说话。记得一见他,只一开口就说:"你那散文可真好!"他就明白,我是个不讲什么礼貌的乡下人,容易从不拘常套来解脱一切拘束,其实还刚起床不久,穿了件条子花纹的短睡衣,一面收拾床铺一面谈天,他的随便处,过不多久就

把我在陌生人前的羞涩解除了。只问问我当前的工作和生活，且就从枕边取出他晚上写的两首诗，有腔有调天真烂漫自得其乐的念起来。

依旧是这一年的十一月，编辑《晨报副刊》的徐志摩，从来稿中发现散文作品《市集》，颇为欣赏，将原来的笔名"休芸芸"改为沈从文。发表时，他特意写一段"志摩的欣赏"为之推荐：

是多么美丽、多么生动的一幅乡村画。作者的笔真像是梦里的一支小艇，在梦河里荡着，处处有着落，却又处处不留痕迹；这般作品不是写成的，是"想成"的。给这类的作者，批评是多余的，因为他自己的想象就是最不放松的不出声的批评者；奖励也是多余的：因为春草的发青，云雀的放歌，都是用不着人们的奖励的。

诗人徐志摩编辑副刊，为沈从文这篇散文写下溢美之词。不过，徐志摩并不知道，《市集》之前先后被《燕大周刊》《民众文艺》发表，现在《晨报副刊》再次发表，"一稿三发"引发人们对沈从文的议论。故此，沈从文特意在《晨报副刊》发表声明，说明各种缘由。声明如下：

关于《市集》的声明

志摩先生，看到报，事真坏，想法声明一下罢。近来正有一般小捣鬼遇事寻罅缝，说不定因此又要生出一番新的风浪。那一篇《市集》先送到《晨报》，用"休芸芸"名字，久不见登载，以为不见了，接着因《燕大周刊》上有个熟人拿去登过，后又为一个朋友不候我的许可转移到《民众文艺》上——此而又见，是三次了。小东西出现到三次，不是丑事总也成了可笑的事!

　　这似乎又全是我过失,因为前次你拿我那一册稿子问我时,我曾说统未登载过,忘了这篇。这篇既已曾登载过,为甚我又连同那另外四篇送到晨报社去?那还有个缘由:因我那个时代正同此时一样,生活悬挂在半空中,伙计对于欠账逼得不放松,故写了三四篇东西并录下这一篇短东西做一个册子,送与勉己先生,记到附函曾有下面的话——"……若得到二十块钱开销一下公寓,这东西就卖了。《市集》一篇,曾登载过……"

　　至于我附这短篇上去的意思,原是想把总来换二十块钱,让晨报社印一个小册子。当时也曾声明过。到后一个大不得,而勉己先生尽我写信问他去退这一本稿子又不理,我以为必是早失落了,失落就失落了,我哪来追问同编辑先生告状打官司的气力呢?所以不同。

　　不期望稿子还没有因包花生米而流传到人间,不但不失,且更得了新编辑的赏识,填到篇末,还加了几句受来背膊发麻的按语,纵无好揽闲事的虫豸们来发见这足以使他自己为细心而自豪的事,但我自己看来,已够可笑了。且前者署"休芸芸"而今却变成"沈从文",我也得声明一下:实在果能因此给了虫豸们一点钻蛀的空处,就让他永久是两个不同的人名罢。

从文上
于新窄而霉斋

徐志摩在《晨报副刊》发表沈从文这份声明,自己也写下一封

致沈从文的信,强调好文可以"复载",比"乱登"更好:

> 从文,不碍事,算是我们副刊转载的,也就罢了。有一位署名"小兵"的劝我下回没有相当稿子时,就不妨拿空白纸给读者们做别的用途,省得挤上烂东西叫人家看了眼疼心烦。我想另一个办法是复载值得读者们再读三读乃至四读五读的作品,我想这也应得比乱登的办法强些。下回再要没有好稿子,我想我要开始印《红楼梦》了!好在版权是不成问题的。
>
> 志摩

善解人意的徐志摩,显然不愿意沈从文为此事而受到压力,特予以安慰。

徐志摩的朋友大多是留学欧美归来的文人、外交官等,徐志摩先后将沈从文介绍给闻一多、罗隆基、潘光旦、叶公超、胡适、梁宗岱、林徽因、梁思成、金岳霖、邵洵美等人。沈从文只是小学毕业,可是,徐志摩慧眼识珍珠,在沈从文作品中看到文字之美、意境之美、静穆之美。沈从文讲究文学的节制,所写边远区域多民族文化交融的内容,恰恰为徐志摩极为赞赏。沈从文自称"乡下人",他却以另外一种姿态,为徐志摩及其朋友们所欣赏,走进一个完全不同的文化圈。在随后的岁月里,沈从文也欣赏徐志摩的朋友们,他真正理解那些朋友的创作心绪、艺术风格和美学追求。

可以说,因《市集》一文结下的这次副刊情缘,奠定了徐志摩、沈从文友谊的坚实基础。沈从文后来也成为"新月派"的作者。一九二八年年初,《新月》杂志创刊,沈从文新创作的长篇童话体小说《阿丽丝中国游记》开始在此刊物连载,从此,他成为其中的一员，将之称作"新月派"作家可谓名正言顺。

"大媒人"胡适

徐志摩介绍给沈从文的朋友不少。其中，最为重要的一位是胡适。

一九二八年，沈从文与丁玲、胡也频三人离开北京前往上海，想在那里开创一番文学与出版事业。三人一起创办红黑出版社和《红黑》杂志。最终，三人未能成功。胡也频则投身于上海左翼运动。来到上海，沈从文曾去信徐志摩，谈住在上海萨坡赛路的情形。经徐志摩介绍，沈从文与胡适结识，从一九二九年至一九四五年，十多年时间里，沈从文写给胡适的书信达三十余封。

结识胡适时，胡适正担任中国公学校长，沈从文成为中国公学的一名教师。沈从文与张兆和的爱情，就在这座校园里开始的。可以说，胡适是沈从文的"大媒人"，他促成了沈从文与张兆和的婚姻。

一九二九年的某一天，学生张兆和前来找到胡适，她表情严肃地说沈从文的来信让她不堪其扰，她特别指出，信中"我不但想得到你的灵魂，还想得到你的身体"一句。胡适认真看了沈从文的信，却提出了一个让张兆和大吃一惊的建议，他说："我劝你不妨答应他。"胡适进一步向张兆和说明了他这个建议的依据，那就是，他认为沈从文是个天才，是中国小说家里最有希望的。胡适开导她："社会上有了这样的天才，人人应该帮助他，使他有发展的机会！"

一九三二年，沈从文寒假到北平，就受邀住在胡适家中。同年八月初，沈从文去苏州看望大学刚毕业的张兆和，第一次被请到九如巷的张家，与家人相见。沈从文当场承诺张兆和的小五弟张寰和，要为他写一组取自佛经的故事，这便是后来创作的《月下小景》。

一九三三年，沈从文与张兆和在北京来今雨轩结婚，文学创作的第一个高潮也由此来临，被誉为文学经典的《边城》《湘行散记》等，便创作于这一时期。

丁玲创办《北斗》，沈从文约来徐志摩等人文章

上海三年，沈从文在创办杂志和出版方面的努力，可谓毫无进展。走进一九三一年，胡也频被捕，沈从文四处营救无果，包括胡也频在内的"左联五烈士"全部遇难。随后，沈从文以"丈夫"名义陪同丁玲携子返回湖南常德，安慰丁玲母亲。返回上海，沈从文经济上遇到困难，沈从文后来在《记丁玲》一书中写到，此时，他收到徐志摩的信。

徐志摩来信，邀请沈从文到北京，信中说：

> 北京不是使人饿死的地方，若在上海已感到厌倦，尽管来北京好了。北京各处机关各个位置上虽仿佛皆填满了人，地面也好像全是人，但你一来，就会有一个空处让你站。你那么一个人吃得几两米？难道谁还担心到你一来北京米就会涨价？

（转引自《记丁玲》）

沈从文听从徐志摩的建议，于一九三一年五月中旬离开生活三年的上海，回到北京，丁玲则留在上海，仍和沈从文的妹妹住在一起。沈从文与胡也频、丁玲最美好的友情，从此留在身后。

留在上海的丁玲，用三个月的努力创办的左联杂志《北斗》于九月二十日出版。创刊号上，因沈从文的关系而发表作品的有冰心、林徽因、徐志摩、陈衡哲等人。在编后记中，丁玲特别提到了朋友

沈从文的帮助：

> 现在第一期是出版了。使我高兴的，就是各方面拉稿，还不算困难。都愿意为这刊物写了一些稿来。我自己觉得这里是很有几篇可看的东西。至于关于每篇的内容，我想不必详细的介绍了。不过这期创作小说我认为少了一点，因为我的朋友沈从文先生答应的稿子，寄来得太迟了一点，不能等他便付印了。不过第二期一定可设法再弄丰富一点。现在可以预告的是还有冰心女士的诗，叶圣陶先生，沈从文先生的小说……

和以往左联的其他刊物相比，《北斗》显然有所区别。诚如中共中央宣传部的文化工作委员会和左联常委的指示，《北斗》的作者阵容和《萌芽》《拓荒者》《巴尔底山》等刊物，的确"灰色"了一些。沈从文也好，徐志摩、冰心等也好，恰恰就是左翼文艺曾经激烈批评过的人，可是如今，他们堂而皇之地出现在左联机关刊物上，对于扩大左翼文艺的影响，不能不说起了重要作用。

然而，这一面貌很快被改变了。在第二期、第三期上，还刊有冰心、凌叔华、沈从文的作品，但到了第四期他们的名字便消失了。丁玲的一番努力，忽然受到了扼制。她如此醒目地集中发表为左翼文艺所批评的作家的作品，完全可能受到指责。

丁玲试图改变的努力，翻了过去。

"光芒四射"的诗人走了

仍然是十一月。

一九三一年的十一月十三日，沈从文从北京给在上海的徐志摩

写去一封信,谈及北京天气,谈及方令孺、陈梦家、胡适:

> 这里近日来冷了一点儿,但不如北京那么大风。(北京人十分温和,北京风可有点刻薄。)方令孺星期二离开此地,这时或已见及你。她这次恐怕不好意思再回青岛来,因为其中也有些女人照例的悲剧,她无从同你谈及,但我知道那前前后后,故很觉得她可怜。她应当在北平找点事做,能够为她援一手的只有你,你若有那种方便,为她介绍到一个什么大学去作女生指导员,比教书相宜。她人是很好的,很洒脱爽直的,也有点女人通同不可免的毛病,就是生活没有什么定见。还有使她吃亏处,就是有些只合年青妙龄女人所许可的幻想,她还不放下这个她不大相宜的一份。在此有些痛苦,就全是那么生活不合体裁得来的。为了使她心情同年龄相称,她倒是真真需要"教婆"教训一顿的人。
>
> 你怎么告陈梦家去选我那些诗?我不想作诗人,也不能作诗人,如今一来,倒有点难为情。一看到《诗选》我十分害羞。
>
> 胡先生好像有到南京去做官的意思,那就真糟糕。他是应当来领导一个同国民党那种政策相反的主张,不能受人家的骗局的。许多对政府行为主张惑疑的人,在某一情形下,都可以成为他的小兵。
>
> ……

沈从文哪里知道,这是他写给徐志摩的最后一封信。仅仅只隔六天,十一月十九日,"光芒四射"的诗人徐志摩,在济南遭遇空难。两天后,二十一日下午,噩耗电报发到青岛大学。此时,沈从文与文学院的老师正在校长杨振声先生家中吃茶谈天。得知噩耗,沈从文当场决定晚上坐车前往济南，赶到齐鲁大学时，张奚若、梁思成、金岳霖等人也刚从北京赶到。徐志摩的长子也从上海赶到。他们一起为徐志摩送行。

徐志摩遇难详情，朱自清在日记中写得颇为具体，原来正机师是一位热爱文学者，难得有机会与徐志摩同机，故一路上与之谈文学：

> 芝生晤保君健，谈志摩死情形。大抵正机师与徐谈文学，令副机师开车，遂致出事。机本不载客，徐托保得此免票。正机师开机十一年，极稳，惟好文学。出事之道非必由此，意者循徐之请，飞绕群山之巅耶。机降地时，徐一耳无棉塞，坐第三排；正机师坐第二排，侧首向后如与徐谈者。副机师只余半个头，正机师系为机上转手等戳入腹中，徐头破一空，肋条断一骨，脚烧糊。据云机再高三尺便不至碰矣。
>
> （录自朱自清一九三三年七月十三日日记）

徐志摩遇难成为轰动全国的事件。

蔡元培的挽联颇为感人："言语是诗，举动是诗，毕生行径皆是诗，诗的意境渗透了，到处都是乐地；乘车可死，坐船可死，静卧室中也可死，死于飞机偶然耳，不必视为畏途。"

诗人徐志摩飞走了。

在致信王际真的第二天，沈从文十一月二十四日致信胡适，谈及徐志摩的后事安排等事宜：

> 适之先生：
>
> 志摩不意因此即死亡，此间诸人皆极难过。在济见及奚若先生等，一切情形，彼等返北平时想可详及。出事之飞机，闻已仅余一铁架，现大致尚存于济南，即运南京，

一时恐亦不至于改作他用。我意思若南京方面有熟人，可向航空公司设法购置，至多恐亦不值两千元，因一切机件皆已全炸裂毁尽，或得一部分保存，似不甚难，但不知这事是否必要。

青岛近日空气极劣，或中日事有其他重要变化，亦未可知。学校仍照常上课，但人心皆极不安定。

前在济时，同思成商量，说到平后来同先生商量，定一日子，由志摩熟人，在上海、南京、济南、青岛、北平、武昌各处地方，分地同时举行一追悼会，照目前情形看来，势须稍迟矣。

敬颂近安。

从文上

廿四日

随后几个月里，沈从文连续致信胡适，谈及徐志摩的一些资料如何处理。

诗人走了，情谊仍在他心中。

友情坚固永在，延续而扩大

晚年沈从文发表文章不多，一九八二年中风之后，写作更少。可是，从《友情》开始，短短几年间，他所写关于徐志摩的文章却有好几篇，分别为《友情》《喜闻新印〈徐志摩全集〉》《回忆徐志摩先生》《徐志摩全集·序》等。可见徐志摩在他心中的分量之重，如他所说，"再无一个别的师友能够代替"。

在《友情》一文中，沈从文详细叙述当年瞻仰徐志摩遗容及送葬过程。他特意写到，北京的朋友带来用铁树叶编成的小花圈，如古希腊雕刻的式样，"一望而知必出于志摩先生生前好友思成夫妇之手"。沈从文感叹徐志摩与拜伦、雪莱命运相似，年仅三十余岁就在一次偶然事故中与世长辞！

《友情》后面这段写得多好：

> 志摩先生突然的死亡，深一层体验到生命的脆弱倏忽，自然使我感到分外沉重。觉得相熟不过五六年的志摩先生，对我工作的鼓励和赞赏所产生的深刻作用，再无一个别的师友能够代替，因此当时显得格外沉默，始终不说一句话。后来也从不写过甚么带感情的悼念文章。只希望把他对我的一切好意热忱，反映到今后工作中，成为一个永久牢靠的支柱，在任何困难情况下，都不灰心丧气。对人对事的态度，也能把志摩先生为人的热忱坦白和平等待人的稀有好处，加以转化扩大到各方面去，形成长远持久的影响。因为我深深相信，在任何一种社会中，这种对人坦白无私的关心友情，都能产生良好作用，从而鼓舞人抵抗困难，克服困难，具有向上向前意义的。我近五十年的工作，从不断探索中所得的点滴进展，显然无例外都可说是这些朋友纯厚真挚友情光辉的反映。

遥想一九八一年八月，沈从文以下面这句话结束《友情》："人的生命会忽然泯灭，而纯挚无私的友情却长远坚固永在，且无疑能持久延续，能发展扩大。"的确，友情是一种温暖，一种激励，永远留存在心，将之扩大，延续永远……

完稿于二〇一七年三月二十二日，北京看云斋